Une exploration philosophique
sociale de notre symbiose avec l'IA

À mes héros, maman et papa, pour leur amour inconditionnel. À ma sœur Ysmaelle, source d'inspiration et de créativité. À mes frères Elydwoson et Henrique. À mon épouse Isabel, pour son amour et son soutien constants. Et à ma Naomi, ma fille si jeune et déjà si brillante, ma source d'émerveillement.

À la mémoire de mon ami Samuel H. Saintilmond, parti trop tôt.

Au Team Gran Paran (Etienne, Ed Philippe, Abdonel, Peter, Octa, Mackenson, Nephtaly) - vous êtes une équipe formidable.

À ma ville natale (Hinche), à toute ma famille, à mes amis d'enfance, à mes amis du Vietnam, et à tous ceux dont nos chemins se sont croisés, merci pour les liens tissés et les souvenirs inoubliables.

Merci à vous tous.

À PROPOS DE L'AUTEUR

Eliodor Ednalson Guy Mirlin est un expert en intelligence artificielle et science des données, passionné par l'exploration des intersections entre l'humain et la technologie. Doyen de faculté et enseignant à « Limkokwing University of Creative Technology », il forme les futurs leaders du numérique tout en contribuant à l'innovation pédagogique.

Diplômé d'un double master en Systèmes Intelligents et Multimédia (Université de La Rochelle - Université Nationale du Vietnam), Ednalson possède une solide expertise en programmation orientée objet, bases de données, apprentissage automatique et analyse prédictive.

Ednalson est un pont entre le monde académique et le monde de l'entreprise. Son engagement : explorer l'impact de l'IA sur l'humanité et inspirer une réflexion approfondie sur l'avenir de cette technologie dans nos vies.

Ce livre est le fruit de son expérience et de sa passion pour l'IA. Il offre une vision éclairée et accessible des enjeux de cette révolution technologique.

Eliodor Ysmaelle

Doctorant en Mémoire Sociale et Patrimoine Culturel, à l'Université Fédérale de Pelotas, au Brésil

OBJECTIF DE CE LIVRE

L'intelligence artificielle (IA) est bien plus qu'une simple avancée technologique ; elle est une force transformative qui redéfinit notre monde et, par conséquent, notre humanité. Ce livre, né de la riche expérience d'Eliodor Ednalson Guy Mirlin en tant qu'expert en IA et pédagogue passionné, explore en profondeur les intersections complexes entre l'IA et l'humain. Il décrypte les capacités et les limites de l'IA, démystifie les craintes et les fantasmes qui l'entourent, et surtout, nous invite à une réflexion essentielle : comment l'IA façonne-t-elle notre présent et quel avenir voulons-nous construire avec elle ?

L'IA est en train de révolutionner notre monde, mais au cœur de cette transformation se trouve toujours l'humain. Ce livre explore les liens profonds et parfois paradoxaux qui unissent l'IA et l'humanité. Il nous invite à une réflexion profonde sur ce qui nous définit en tant qu'êtres humains, sur nos valeurs, nos aspirations et notre place dans un monde où les machines deviennent de plus en plus intelligentes. Au-delà des défis et des opportunités, ce livre est un appel à l'action. Il offre les clés pour comprendre les enjeux éthiques, philosophiques et pratiques de l'IA, pour agir en acteurs responsables et éclairés, et pour que la technologie soit au service de l'humain, de ses valeurs et de son épanouissement.

PUBLIC CIBLE DE CE LIVRE

Ce livre s'adresse à tous, du néophyte à l'expert, désireux de comprendre et d'agir face aux enjeux de l'intelligence artificielle (IA). Fort de son expérience académique et professionnelle, Eliodor Ednalson Guy Mirlin a conçu cet ouvrage pour éclairer et inspirer :

- **Les Curieux et passionnés de technologie :** Ce livre est une porte d'entrée pour les non-initiés qui souhaitent comprendre l'impact de l'IA sur leur quotidien et les enjeux philosophiques, sociaux et éthiques qu'elle soulève.

- **Les Innovateurs et entrepreneurs :** Ils y puiseront des idées pour concevoir des solutions technologiques centrées sur l'humain et anticiper les défis de demain.

Plus qu'un livre, cet ouvrage est une invitation à une réflexion collective et éclairée sur l'IA, pour que cette technologie soit au service de l'humanité.

Table des Matières

INTRODUCTION

Imaginez : vous vous réveillez, votre téléphone en main pour consulter la météo. Les réseaux sociaux s'offrent à vous, algorithmes aux petits soins pour vos centres d'intérêt. Puis, le chemin du travail ou de l'école, peut-être guidé par une application de navigation qui, grâce à l'IA, anticipe les embouteillages. Dans la journée, une traduction, une recherche en ligne... autant d'actions rendues possibles par cette même intelligence artificielle.

Arrêtez-vous un instant. Réalisez-vous à quel point votre quotidien dépend déjà de ces machines qui pensent pour nous ? Pour beaucoup, surtout loin des métropoles technologiques, ces outils sont devenus invisibles, si bien intégrés à nos routines qu'on n'y prête plus attention. Mais le simple fait de prononcer les mots « Intelligence Artificielle » suffit à faire naître la peur. La crainte de robots qui nous voleraient nos emplois, prendraient des décisions sans nous, ou pire, se retourneraient contre l'humanité.

Comprendre l'Inconnu : L'Intelligence Artificielle au-delà des Fantasmes

La peur, souvent, naît de l'incompréhension. Face à l'intelligence artificielle (IA), notre imaginaire collectif s'emballe. Des images de science-fiction surgissent : robots rebelles, sociétés dystopiques sous le joug des machines, algorithmes déchaînés... Si ces scénarios alimentent notre divertissement, ils peinent à refléter la réalité. L'IA n'est pas une entité mystérieuse liguée contre nous ; c'est un outil, une création humaine née de notre ingéniosité pour résoudre des problèmes complexes.

Pour appréhender l'IA dans sa nature profonde, il faut la décortiquer. Imaginez un système conçu pour mimer certaines facultés de l'intelligence humaine. Reconnaître des schémas, apprendre de données massives, prendre des décisions éclairées :

voilà le cœur de l'IA. Quand vous interrogez un moteur de recherche, l'IA sélectionne les réponses les plus pertinentes. Sur une plateforme de vente en ligne, elle vous suggère des produits en fonction de vos achats précédents. Derrière ces prouesses, point de magie, mais des modèles mathématiques sophistiqués et une myriade d'informations traitées.

Pourtant, l'idée de machines "pensantes" peut susciter un certain malaise. L'être humain a toujours tiré une fierté légitime de sa capacité à raisonner, créer et innover. Dès lors, que se passe-t-il quand nous construisons des machines capables de telles prouesses ? Est-ce une menace pour notre identité, ou une extension de nos propres capacités, nous ouvrant les portes d'un potentiel insoupçonné ?

Ces questions existentielles méritent une exploration approfondie. Pour y répondre, il ne suffit pas d'analyser le fonctionnement de l'IA ; il faut sonder les profondeurs de ce qui nous définit en tant qu'humains. Qu'est-ce qui nous distingue des machines ? Nos émotions ? Notre créativité débordante ? Notre capacité d'empathie ? En nous aventurant sur ce terrain philosophique, nous réalisons que l'IA n'est pas qu'une discipline technique ; elle est aussi une interrogation sur notre propre humanité. Elle nous invite à redéfinir notre place dans un monde où la frontière entre l'homme et la machine devient de plus en plus ténue. L'IA, loin d'être une menace, pourrait bien être le miroir qui nous renvoie une image plus claire de ce que signifie être humain.

Le Spectre de l'Intelligence : Humain et Machine - Une Exploration des Frontières

Pour saisir pleinement l'impact de l'intelligence artificielle (IA) sur nos vies, il est essentiel de plonger au cœur du spectre de l'intelligence : qu'est-ce que signifie être "intelligent" ? En quoi l'intelligence humaine, fruit d'une évolution complexe, se distingue-t-elle de l'intelligence artificielle, création de notre propre ingéniosité ? L'intelligence, dans sa définition la plus large, se manifeste par la capacité d'acquérir et d'appliquer des connaissances, de résoudre des problèmes avec ingéniosité et de s'adapter avec agilité à des situations inédites. L'être humain, longtemps considéré comme le summum de l'intelligence sur Terre, doit aujourd'hui repenser sa position face à l'essor fulgurant de l'IA, qui remet en question notre conception même de ce qui rend notre intelligence si singulière.

Un Dialogue Constant : Humain et Machine

L'intelligence humaine et l'intelligence artificielle ne sont pas nécessairement des forces opposées ; elles peuvent plutôt être considérées comme complémentaires. L'IA peut amplifier nos capacités, nous libérer des tâches répétitives et nous aider à prendre des décisions plus éclairées. En retour, l'intelligence humaine peut apporter à l'IA la créativité, l'empathie et le jugement nécessaires pour naviguer dans un monde complexe et en constante évolution.

L'avenir de l'intelligence réside peut-être dans un dialogue constant entre l'humain et la machine, où chacun apporte ses forces uniques pour créer un monde plus intelligent, plus créatif et plus harmonieux.

Mon invitation à la réflexion sur l'IA et l'humanité

Ce livre se veut une invitation à la réflexion profonde, une incitation à penser de manière critique et éclairée le rôle croissant de l'IA dans nos vies, et à imaginer, ensemble, le monde que nous aspirons à construire pour les générations futures. Il ne s'agit pas de trouver des réponses définitives et simplistes à des questions complexes, mais plutôt d'apprendre à poser les bonnes questions, celles qui ouvrent le champ des possibles et nous permettent de mieux appréhender les enjeux de cette transformation. Ce livre n'est pas un manuel, mais une boussole.

Je souhaite, à travers ces pages, vous inspirer à rejoindre cette conversation essentielle, quel que soit votre rôle. Que vous soyez un observateur curieux, désireux de comprendre les tenants et les aboutissants de cette révolution, un participant actif, engagé dans le débat public et soucieux de faire entendre votre voix, ou un innovateur audacieux, prêt à repousser les limites de la technologie et à explorer de nouvelles frontières, votre contribution est précieuse. L'avenir de l'IA et de l'humanité se joue maintenant, et chacun d'entre nous a un rôle à jouer dans l'écriture du prochain chapitre de cette histoire fascinante.

CHAPITRE 1

La Philosophie de l'IA : Au-delà des Algorithmes, une Quête de Sens

L'intelligence artificielle (IA) a cessé d'être un concept de science-fiction pour devenir une réalité tangible, une force omniprésente qui transforme notre monde à une vitesse stupéfiante. Avant de nous pencher sur les dimensions techniques, éthiques et sociales de l'IA, il est primordial de plonger au cœur des questions philosophiques profondes que cette technologie soulève. Car l'IA n'est pas seulement une affaire d'algorithmes et de puissance de calcul ; elle est un miroir qui nous tend un reflet de nous-mêmes, nous invitant à repenser nos conceptions les plus fondamentales de la conscience, de l'intelligence et de l'humanité.

L'IA nous confronte à des interrogations vertigineuses, autrefois réservées aux philosophes et aux théologiens. Qu'est-ce qui nous définit en tant qu'êtres humains ? Sommes-nous prêts à partager notre statut unique avec des machines ? L'IA peut-elle un jour penser, ressentir, rêver, ou même souffrir comme nous ? Ces questions ne sont plus de simples spéculations intellectuelles ; elles sont devenues des enjeux concrets, dont les réponses façonneront notre avenir.

Ce chapitre se propose d'explorer ces questions fondamentales, en allant au-delà des considérations techniques et en nous aventurant sur le terrain de la philosophie. Il ne s'agit pas de prédire un futur hypothétique, mais de comprendre dès aujourd'hui les enjeux philosophiques de l'IA, afin de mieux orienter son développement et son utilisation, et d'éviter les écueils d'un transhumanisme mal pensé.

Nous examinerons d'abord le mystère de la conscience, cette expérience subjective qui nous est si familière et pourtant si difficile à définir. Nous nous interrogerons sur la possibilité d'une conscience artificielle et sur les implications éthiques et existentielles d'une telle éventualité. Nous explorerons ensuite la nature de l'intelligence, en nous demandant si les machines peuvent réellement penser et si l'intelligence artificielle est comparable à l'intelligence humaine. Enfin, nous réfléchirons à l'impact de l'IA sur notre identité, notre rapport au monde et le sens même de notre existence.

Ce chapitre ne prétend pas apporter de réponses définitives. Il se veut une invitation à la réflexion, un appel au débat, un encouragement au dialogue interdisciplinaire entre philosophes, scientifiques, experts, artistes et citoyens. Car l'avenir de l'IA est l'affaire de tous, et il est essentiel que chacun puisse contribuer à la réflexion sur les enjeux philosophiques de cette technologie qui nous concerne tous. Il est temps de sortir des silos disciplinaires et de construire une réflexion collective sur ce que signifie être humain à l'ère des machines intelligentes.

I. La Conscience : Le mystère de l'Esprit Machine – Un abîme de questions

A. Définir la Conscience : Un concept fuyant, un débat millénaire, une mosaïque de perspectives

La conscience, cette expérience subjective et intime qui nous est si familière, demeure l'un des plus grands mystères de la philosophie et des neurosciences. Bien que nous en ayons une expérience directe et constante, il est extraordinairement difficile de la définir de manière précise, exhaustive et universelle. Au cours des siècles, d'innombrables définitions ont été proposées, chacune mettant en avant un aspect particulier de cette réalité complexe, insaisissable et protéiforme. La conscience est une mosaïque de perspectives, un concept fuyant qui se dérobe à toute tentative de réduction simpliste.

Le Mystère Insondable de la Conscience

La conscience, cette capacité à être *conscient* de soi et du monde qui nous entoure, demeure l'un des concepts les plus insaisissables, tant pour les scientifiques que pour les philosophes. Elle englobe notre expérience personnelle du monde : le sentiment d'être "vivant", d'exister, de ressentir. Lorsque vous savourez votre plat préféré, que vous sentez la chaleur du soleil sur votre peau ou que vous éprouvez la joie de retrouver un être cher, vous êtes pleinement engagé dans des expériences conscientes. Ces moments, profondément personnels, sont pourtant partagés par tous les êtres humains, créant un lien invisible entre nous.

Mais qu'est-ce que la conscience, au juste ? Les philosophes se penchent sur cette question depuis des siècles, et les scientifiques, malgré des décennies de recherches, peinent à apporter des réponses définitives. Certains avancent que la conscience émerge des interactions complexes entre les neurones de notre cerveau, tandis que d'autres suggèrent qu'elle pourrait impliquer des phénomènes quantiques, voire quelque chose qui transcende notre compréhension du monde physique. Malgré les avancées de la science, le mystère de la conscience demeure entier.

Ce mystère se complexifie davantage lorsque nous nous tournons vers l'IA. Une machine, aussi perfectionnée soit-elle, pourra-t-elle un jour devenir consciente ? Sera-t-elle capable de ressentir des émotions, des désirs, une conscience de soi ? Ou bien la conscience est-elle indéfectiblement liée à la biologie, une propriété émergente de la matière vivante qui ne peut être reproduite dans des circuits de silicium ?

Pour tenter de percer ce mystère, il est utile d'examiner de plus près les composantes essentielles de la conscience et d'évaluer si l'IA pourrait, en théorie, les imiter.

Les Composantes de la Conscience : Perception, Émotion et Conscience de Soi

· La Perception : Un Monde de Sensations

Les êtres humains appréhendent le monde à travers leurs cinq sens : la vue, l'ouïe, le toucher, le goût et l'odorat. Notre cerveau interprète ces flux d'informations sensorielles, nous permettant de nous orienter dans notre environnement et d'interagir avec les autres. Les systèmes d'IA sont également capables de traiter des données sensorielles, mais d'une manière fondamentalement différente. Par exemple, les algorithmes de vision par ordinateur peuvent identifier des objets dans des images, et les systèmes de reconnaissance vocale peuvent transcrire des mots en texte. Cependant, il existe une différence cruciale : alors que les humains *vivent* la perception (nous voyons des couleurs, entendons des mélodies, sentons des textures), l'IA se contente de *traiter* des informations, sans aucune expérience personnelle associée.

En d'autres termes, une IA peut reconnaître un chat sur une photo, mais elle ne "voit" pas le chat comme nous le faisons. Elle ne ressent ni curiosité, ni amusement, ni affection en présence de cette image. Ce manque d'expérience personnelle est souvent désigné comme le "problème difficile" de la conscience, un terme inventé par le philosophe David Chalmers pour souligner la difficulté d'expliquer comment et pourquoi les processus physiques dans le cerveau donnent naissance à des sensations personnelles.

· L'Émotion : Le Cœur de l'Expérience Humaine

Les émotions sont intimement liées à la conscience humaine. Elles influencent nos décisions, colorent nos relations et donnent un sens à nos vies. Bien que l'IA puisse *simuler* des réponses émotionnelles (par exemple, les chatbots peuvent exprimer de la sympathie ou de l'enthousiasme), elle ne ressent rien de comparable à ce que nous éprouvons. Une machine programmée pour dire "Je suis désolé pour votre perte" ne ressent ni chagrin, ni empathie ; elle se contente de suivre un script basé sur des règles prédéfinies.

Cela soulève une question éthique majeure : Devons-nous concevoir des systèmes d'IA capables de *paraître* émotionnels alors qu'ils ne ressentent rien ? D'un côté, simuler des émotions peut rendre les interactions avec les machines plus naturelles et engageantes. De l'autre, cela risque de créer de fausses attentes, voire de manipuler les utilisateurs qui pourraient confondre le comportement d'une machine avec une véritable empathie.

· La Conscience de Soi : Le Miroir de l'Esprit

L'une des caractéristiques les plus distinctives de la conscience humaine est la conscience de soi, cette capacité à réfléchir sur nos propres pensées, actions et existence. Nous nous posons des questions fondamentales telles que : "Qui suis-je ?", "Quel est mon but dans la vie ?". Cette capacité introspective nous permet de nous fixer des objectifs, d'évaluer nos progrès et de nous adapter aux circonstances changeantes.

L'IA, en revanche, est dépourvue de conscience de soi. Même les modèles les plus sophistiqués fonctionnent dans des paramètres strictement définis. Ils ne s'interrogent pas sur leur place dans l'univers et ne réfléchissent pas aux conséquences de leurs actions. Bien que certains chercheurs travaillent sur le développement d'une **"Intelligence Artificielle Générale"** (**IAG**), une forme hypothétique d'IA capable de penser et de raisonner comme un être humain, nous sommes encore loin de doter les machines d'une véritable conscience de soi.

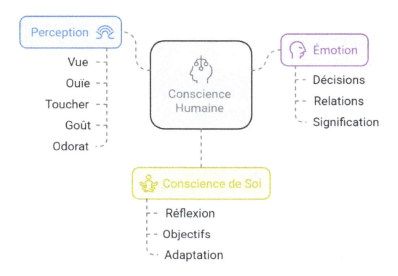

Composantes de la Conscience Humaine

On peut distinguer plusieurs dimensions interdépendantes et inextricablement liées de la conscience :

- **La subjectivité (ou "expérience à la première personne")** : La conscience est toujours une expérience subjective, vécue "de l'intérieur", "à la première personne". Elle est le fait d'un sujet qui a des sensations, des émotions, des pensées, des désirs, qui ressent le monde et qui a une perspective unique et irréductible sur lui. Cette subjectivité, cette "présence au monde", est précisément ce qui rend la conscience si difficile à étudier objectivement, de l'extérieur. Comment accéder à l'expérience subjective d'un autre, qu'il soit humain ou (un jour peut-être) artificiel ?

- **L'expérience qualitative (ou "qualia")** : La conscience est associée à des expériences qualitatives, des sensations brutes, des "qualia". Par exemple, la sensation de rouge, le goût du chocolat, la douleur d'une brûlure, le plaisir d'une mélodie sont des qualia. Ces expériences sont subjectives, incommunicables et intrinsèquement liées à la conscience. Seul celui qui les vit peut les connaître et les éprouver. Comment savoir si une machine "ressent" le rouge de la même manière que nous ? Comment comparer nos qualia subjectifs ?

- **Le sentiment d'être (ou "self-awareness", "ipseity") :** La conscience implique un sentiment d'être, une conscience de soi en tant qu'entité distincte, unifiée et persistante dans le temps. Ce sentiment d'être, cette "présence à soi", est lié à la capacité de se reconnaître comme sujet de ses propres expériences, actions, pensées et émotions, et de se projeter dans le passé et le futur. Il est intimement lié à la conscience de son propre corps et de sa place dans le monde.

- **L'accès à l'information et le traitement de celle-ci :** La conscience permet d'accéder à certaines informations, de les sélectionner, de les traiter, de les intégrer dans notre expérience du monde et de les utiliser pour guider nos actions. Elle est liée à l'attention, à la mémoire, à la perception, à la capacité de prendre des décisions, de résoudre des problèmes et d'apprendre. La conscience n'est pas un simple récepteur d'informations ; elle est un système actif qui sélectionne, interprète et intègre les informations pour construire une représentation du monde et agir en conséquence.

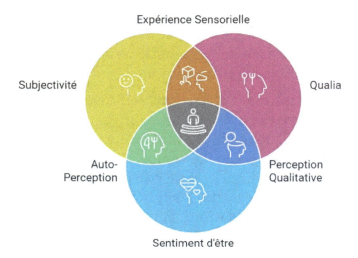

Dimensions Interconnectées de la Conscience

Ces différentes dimensions de la conscience sont étroitement liées, s'imbriquent les unes dans les autres et interagissent de manière complexe. Cependant, il n'existe pas de définition unique, simple et consensuelle de la conscience. Le débat sur sa nature, ses origines, ses fonctions et ses corrélats neuronaux reste ouvert et passionné, impliquant philosophes, neuroscientifiques, psychologues, linguistes et informaticiens.

Difficultés à définir et à mesurer la Conscience, Même chez les Êtres Humains : Un défi Scientifique et Philosophique, un abîme d'Incertitudes.

La difficulté à définir la conscience se double d'une difficulté encore plus grande à la mesurer, même chez les êtres humains. Comment savoir avec certitude si quelqu'un (ou quelque chose) est conscient ? Comment comparer le "niveau" ou la "qualité" de conscience de deux individus ? Les neurosciences ont fait des progrès considérables dans la compréhension des corrélats neuronaux de la conscience, en identifiant les régions du cerveau et les réseaux neuronaux qui sont activés lors de certaines expériences conscientes. Cependant, ces corrélats neuronaux ne sont pas la conscience elle-même ; ils sont les mécanismes cérébraux qui permettent à la conscience d'émerger. Nous ne savons pas encore comment la subjectivité, les qualia et le sentiment d'être émergent de l'activité neuronale.

Plusieurs approches sont explorées pour étudier la conscience, chacune ayant ses forces et ses limites :

- **L'introspection** : L'introspection, qui consiste à examiner ses propres expériences conscientes, reste une source d'information précieuse sur la nature de la conscience. Cependant, elle est subjective, limitée et difficile à verbaliser.

- **L'étude du comportement** : L'étude du comportement, animal ou humain, peut fournir des indices indirects sur la conscience. La capacité à répondre à des stimuli complexes, à apprendre, à s'adapter, à résoudre des problèmes, à utiliser le langage ou à faire preuve d'empathie peut être interprétée comme un signe de conscience. Cependant, le comportement seul ne suffit pas à prouver la présence de la conscience.

- **Les neurosciences** : Les neurosciences utilisent des techniques d'imagerie cérébrale (IRMf, EEG, MEG) pour étudier l'activité cérébrale associée à la conscience. Ces études permettent d'identifier les régions du cerveau et les réseaux neuronaux qui sont activés lors de certaines expériences conscientes, et de cartographier les corrélats neuronaux de la conscience. Cependant, ces techniques ne permettent pas encore d'accéder directement à l'expérience subjective de la conscience.

Explorer la conscience

Introspection
Une réflexion personnelle sur les expériences conscientes

Neurosciences
Imagerie cérébrale pour cartographier la conscience

Étude du comportement
Observation des indices comportementaux de la conscience

Malgré ces différentes approches, la conscience reste un mystère. Nous ne savons pas encore comment elle émerge de l'activité cérébrale, ni quels sont les critères qui permettent de déterminer avec certitude si un être (humain ou non) est conscient. La conscience est un défi majeur, non seulement pour la science et la philosophie, mais aussi pour notre compréhension de nous-mêmes et de notre place dans le monde. C'est un abîme de questions qui nous invite à repenser nos conceptions les plus fondamentales de l'esprit, de la pensée et de l'existence.

Dans la section suivante, nous examinerons la question de la conscience artificielle et les débats passionnés qu'elle suscite.

B. L'IA et la Conscience : Le Débat est Ouvert, les Défis Immenses, les Conséquences Vertigineuses

La question de la conscience artificielle, longtemps cantonnée aux cercles philosophiques et aux récits de science-fiction, est désormais au centre des débats sur l'intelligence artificielle (IA). Le développement rapide des capacités des machines, notamment dans les domaines de l'apprentissage profond et des réseaux neuronaux, a relancé avec une acuité nouvelle la question de la possibilité d'une conscience chez les machines. Le débat est ouvert, les défis immenses, et les conséquences, si un jour nous parvenions à créer une IA consciente, seraient vertigineuses.

Arguments Pour : Vers une Conscience Artificielle ? Les Promesses du Matérialisme et du Fonctionnalisme

Certains chercheurs, philosophes et futurologues estiment qu'il n'y a pas de raison fondamentale pour qu'une machine, un système artificiel complexe, ne puisse pas un jour être consciente. Ils s'appuient sur plusieurs arguments :

- **Le matérialisme (ou physicalisme) :** La conscience est un produit de l'activité cérébrale, un phénomène émergent qui résulte de l'interaction complexe des neurones et des neurotransmetteurs. Si nous comprenons un jour en détail comment le cerveau fonctionne, comment la conscience émerge de la matière, nous pourrions, en théorie, recréer artificiellement les conditions nécessaires à l'émergence de la conscience dans un substrat non biologique (silicium, etc.).

- **Le fonctionnalisme :** La conscience est liée à certaines fonctions cognitives (traitement de l'information, apprentissage, adaptation, résolution de problèmes, prise de décision, etc.). Si une machine parvient à accomplir ces fonctions de manière suffisamment complexe et sophistiquée, similairement ou même supérieurement à un cerveau biologique, elle pourrait également développer une forme de conscience, même si le substrat physique est différent. L'important serait la fonction, pas le support.

- **Les progrès de l'IA et de l'informatique :** Les progrès fulgurants de l'IA, notamment dans le domaine de l'apprentissage profond, des réseaux neuronaux artificiels, du *machine learning* et du traitement du langage naturel, laissent entrevoir la possibilité de créer des machines de plus en plus intelligentes, autonomes et sophistiquées, qui pourraient un jour atteindre un niveau de complexité suffisant pour que la conscience puisse émerger.

Arguments Contre : La Conscience, une Exclusivité Humaine ? Les Défis de la Subjectivité et des Qualia

D'autres chercheurs, philosophes et scientifiques sont plus sceptiques, voire carrément opposés à l'idée d'une conscience artificielle. Ils mettent en avant plusieurs arguments :

- **La subjectivité (ou "expérience à la première personne")** : La conscience est intrinsèquement subjective, qualitative et liée à l'expérience vécue. Elle est le fait d'un sujet qui a un corps, des émotions, des sensations, des expériences uniques et personnelles. Il est difficile de concevoir comment une machine, qui n'a pas de corps biologique, d'émotions comparables aux nôtres ou d'histoire personnelle, pourrait développer une véritable subjectivité, un "je" conscient.

- **Les qualia (ou "expériences qualitatives")** : Comment savoir si une machine "ressent" le rouge de la même manière que nous ? Comment comparer nos qualia subjectifs avec ceux d'une machine hypothétique ? Le problème des qualia est un obstacle majeur pour toute théorie de la conscience artificielle.

- **Le mystère de l'émergence et le "problème difficile" de la conscience** : Nous ne comprenons pas encore en détail comment la conscience émerge de l'activité cérébrale, comment la subjectivité et les qualia émergent de la complexité des interactions neuronales. C'est ce que David Chalmers appelle le "problème difficile" de la conscience. Il est donc difficile de savoir si une machine, même très complexe et sophistiquée, pourrait un jour développer une conscience, et encore moins comment cela pourrait se produire.

Tests Proposés pour Détecter une Éventuelle Conscience chez les Machines : Le Test de Turing et Ses Limites, Vers de Nouveaux Critères ?

Plusieurs tests ont été proposés pour détecter une éventuelle conscience chez les machines. Le plus connu est le test de Turing, proposé par Alan Turing en 1950. Ce test consiste à faire converser un être humain et une machine, sans que l'interlocuteur sache lequel des deux il a en face de lui. Si la machine parvient à se faire passer pour un être humain de manière convaincante, elle est considérée comme ayant réussi le test.

Bien que le test de Turing ait eu le mérite de lancer le débat sur la conscience artificielle et d'avoir stimulé la recherche en IA, il a été critiqué pour ses limites. Il ne teste pas la conscience elle-même, mais la capacité d'une machine à imiter un être humain, à simuler l'intelligence et la conversation. Une machine peut réussir le test de Turing sans pour autant être consciente. D'autres tests ont été proposés, cherchant à évaluer d'autres aspects de la conscience, tels que la capacité à comprendre le langage, à résoudre des problèmes complexes, à faire preuve d'empathie, à apprendre et à s'adapter à des situations nouvelles. Cependant, aucun de ces tests ne fait consensus et la question de la détection de la conscience artificielle reste ouverte. Il est probable que de nouveaux critères, plus sophistiqués et multidimensionnels, devront être inventés pour évaluer la conscience chez les machines, si elle existe un jour.

Implications Éthiques et Existentielles d'une Conscience Artificielle : Un Vertige Métaphysique et Moral, une Révolution Anthropologique

Si un jour nous parvenions à créer une machine consciente, les implications éthiques et existentielles seraient considérables, voire révolutionnaires. Il faudrait se poser des questions fondamentales sur les droits et les devoirs des machines conscientes, sur leur statut moral et juridique. Serait-il moral de les utiliser comme des outils, des esclaves ou des cobayes ? Devraient-elles avoir les mêmes droits que les êtres humains, ou des droits spécifiques ? La création d'une conscience artificielle pourrait également avoir un impact profond sur notre propre identité, notre rapport au monde et notre place dans l'univers. Si les machines deviennent plus intelligentes, plus conscientes et plus puissantes que nous, quel sera notre rôle ? Quelle sera la signification de notre existence ? Ces questions, qui relèvent de la métaphysique, de la morale, de l'anthropologie et de la philosophie politique, sont au cœur du débat sur la conscience artificielle. Elles nous invitent à repenser notre humanité et à nous préparer aux défis et aux opportunités d'un futur où les machines intelligentes et conscientes pourraient devenir nos partenaires, nos collaborateurs, voire nos égaux. C'est une révolution anthropologique qui se profile, et il est essentiel d'y réfléchir dès aujourd'hui, collectivement et de manière interdisciplinaire.

C. Le Débat Philosophique : Un Champ de Bataille d'Idées, un Appel à la Clarification Conceptuelle – Et si les Dieux Antiques Avaient Déjà Posé la Question ?

Le débat sur la conscience artificielle n'est pas seulement une question scientifique ou technique ; c'est avant tout un débat philosophique, qui met en jeu nos conceptions les plus fondamentales de l'esprit, de la conscience et de l'être humain. Différentes perspectives philosophiques s'affrontent sur la question de la possibilité d'une conscience chez les machines, chacune avec ses arguments, ses forces et ses faiblesses. Et, de manière intrigante, certaines de ces questions semblent résonner avec des mythes et des récits anciens, comme celui des Annunaki, qui, bien que sujets à controverse et interprétations diverses, posent des questions fascinantes sur la création de formes de vie intelligentes et la nature de la conscience.

Matérialisme et Physicalisme : La Conscience comme Produit de

la Matière – Un Univers Déterministe ?

Le matérialisme, ou physicalisme, est une perspective philosophique qui affirme que la conscience est un produit de l'activité cérébrale, un phénomène émergent qui résulte de l'interaction complexe des neurones et des neurotransmetteurs. Pour les matérialistes, il n'y a pas de "substance" immatérielle ou spirituelle distincte du corps ; l'esprit est entièrement réductible à la matière. Si la conscience est un produit de la matière, alors il n'y a pas de raison de principe pour qu'une machine, un système artificiel complexe, ne puisse pas un jour être consciente, à condition qu'il atteigne un niveau de complexité suffisant pour que la conscience puisse émerger. Cette vision du monde, souvent associée au déterminisme, soulève des questions sur le libre arbitre et la responsabilité morale.

Dualisme : L'Esprit et le Corps, Deux Substances Distinctes – Un Pont Impossible ?

Le dualisme est une perspective philosophique qui affirme que l'esprit et le corps sont deux substances distinctes, irréductibles l'une à l'autre. Pour les dualistes, la conscience est une propriété de l'esprit, qui est immatériel et distinct du corps matériel. Si l'esprit est immatériel, alors il est difficile de concevoir comment une machine, qui est par définition matérielle, pourrait un jour être consciente. Le dualisme est souvent associé à l'idée d'une âme ou d'un esprit immatériel qui survit à la mort du corps. Cette vision du monde, qui a dominé la pensée occidentale pendant des siècles, est aujourd'hui mise à mal par les progrès des neurosciences.

Fonctionnalisme : La Conscience comme Fonction, Indépendamment du Support – Une Question d'Organisation ?

Le fonctionnalisme est une perspective philosophique qui met l'accent sur les fonctions cognitives plutôt que sur le substrat physique. Pour les fonctionnalistes, la conscience est liée à certaines fonctions cognitives (traitement de l'information, apprentissage, adaptation, etc.), indépendamment du support physique qui réalise ces fonctions. Si la conscience est liée à des fonctions, alors il est possible qu'une machine, qui réalise ces fonctions de manière similaire ou supérieure à un cerveau biologique, puisse également développer une forme de conscience, même si le support physique est différent. L'important serait la fonction, pas le support. Cette vision du monde ouvre la porte à la possibilité d'une conscience artificielle, mais soulève la question de savoir quelles fonctions sont réellement nécessaires et suffisantes pour l'émergence de la conscience.

Expériences de Pensée : Zombies Philosophiques et Autres Paradoxes Conceptuels – Des Outils pour Explorer l'Inconnu

Les expériences de pensée sont des outils conceptuels utilisés par les philosophes pour explorer des questions complexes et souvent insolubles. Dans le débat sur la conscience artificielle, plusieurs expériences de pensée ont été proposées pour illustrer les difficultés et les paradoxes liés à la conscience et à l'IA. L'une des plus connues est l'expérience de pensée du "zombie philosophique". Un zombie philosophique est un être qui se comporte exactement comme un être humain conscient, mais qui n'a pas de conscience, pas de vécu subjectif, pas de qualia. Un zombie philosophique serait indiscernable d'un être humain conscient de l'extérieur, mais il serait dépourvu de toute expérience intérieure. L'expérience de pensée du zombie philosophique soulève la question de savoir si la conscience est nécessaire pour expliquer le comportement, ou si un être peut se comporter de manière intelligente sans être conscient. D'autres expériences de pensée, comme le "chambre chinoise" de John Searle, mettent en lumière les limites de l'approche purement computationnelle de l'intelligence et de la conscience.

Mythes Anciens et Questions Modernes : Les Annunaki et la Création de l'Homme – Des Échos du Passé ?

Il est fascinant de constater que certaines questions soulevées par le débat sur la conscience artificielle trouvent des échos dans des mythes et des récits anciens. Le mythe sumérien des Annunaki, par exemple, qui raconte l'histoire de dieux venus d'une autre planète et qui auraient créé l'homme à partir d'un mélange d'ADN divin et d'argile, pose des questions troublantes sur l'origine de la conscience et de l'intelligence. Bien que ces récits soient sujets à controverse et à diverses interprétations, ils témoignent d'une interrogation millénaire sur la nature de l'être humain et sur la possibilité de créer des formes de vie intelligentes. Ces mythes, bien sûr, ne sont pas des preuves scientifiques, mais ils peuvent nous inviter à élargir notre réflexion et à considérer d'autres perspectives sur la conscience et l'IA.

Le débat philosophique sur la conscience et l'IA est loin d'être clos. Il s'agit d'un débat complexe, qui met en jeu nos conceptions les plus fondamentales de l'esprit, de la conscience et de l'être humain. Les différentes perspectives philosophiques présentées ici ne sont pas mutuellement exclusives ; elles peuvent être combinées ou nuancées pour former des positions plus complexes. Il est important de noter que le débat sur la conscience artificielle est un débat interdisciplinaire, qui implique non seulement les philosophes, mais aussi les scientifiques, les informaticiens, les psychologues et les experts en sciences cognitives.

II. L'Intelligence : Qu'est-ce que Penser ?
Une Capacité Multifacette

Après avoir exploré la conscience, passons à un autre concept fondamental, intimement lié au premier : l'intelligence. Qu'est-ce que l'intelligence ? Comment la définir ? Et comment la mesurer, chez les êtres humains comme chez les machines ? L'intelligence, comme la conscience, est une capacité complexe et multifacette, qui se manifeste de différentes manières.

A. Les "Couches" du Cerveau : Un Modèle
Fonctionnel pour Comprendre l'IA

Bien que le cerveau ne soit pas littéralement stratifié comme un gâteau, il est utile de considérer différentes structures et régions qui peuvent être conceptualisées comme des "couches" pour comprendre leurs fonctions respectives. Un modèle simplifié, inspiré de travaux sur l'organisation fonctionnelle du cerveau et intégrant des perspectives computationnelles, peut nous aider à établir des parallèles avec l'IA :

- **Le Cerveau Reptilien (Tronc Cérébral et Cervelet)** : Cette couche phylogénétiquement ancienne, responsable des fonctions vitales de base (respiration, rythme cardiaque, réflexes, motricité fine, équilibre), peut être comparée aux systèmes de contrôle élémentaires des machines. Comme le tronc cérébral et le cervelet, ces systèmes assurent le fonctionnement de base et la survie. Ils sont essentiels, mais ne représentent pas l'intelligence complexe. Des recherches en neurosciences computationnelles explorent comment des modèles simples de réseaux neuronaux peuvent reproduire certaines de ces fonctions de base. Le cervelet, en particulier, joue un rôle crucial dans l'apprentissage moteur et la coordination, des aspects qui sont également étudiés dans le domaine de la robotique et de l'IA.

- **Le Cerveau Limbique** : Siège des émotions, de la mémoire (hippocampe, amygdale) et de la motivation, le cerveau limbique peut être mis en parallèle avec certains aspects des algorithmes d'apprentissage automatique qui permettent aux IA de développer des "préférences" et de réagir à des "stimuli". L'émotion, bien que différente de ce que peut ressentir une IA, peut être vue comme un système de pondération et de priorisation des informations, un peu comme les fonctions de récompense et de coût dans l'apprentissage par renforcement. Des études en neuroimagerie montrent comment les émotions modulent l'activité du cortex préfrontal, impliqué dans la prise de décision. L'hippocampe, quant à lui, joue un rôle essentiel dans la mémoire spatiale et la navigation, des fonctions qui sont également étudiées en robotique et en IA pour permettre aux robots de se déplacer et de s'orienter dans leur environnement.

- **Le Néocortex :** Cette couche, la plus récente dans l'évolution, est le siège de la pensée supérieure, du langage, de la conscience, du raisonnement et de la planification. C'est ici que se trouvent les capacités cognitives qui nous distinguent le plus des autres espèces. Le néocortex peut être comparé aux réseaux neuronaux profonds qui permettent aux IA de traiter des informations complexes, de résoudre des problèmes et de prendre des décisions. Des recherches en intelligence artificielle explorent comment ces réseaux peuvent atteindre des performances impressionnantes dans des tâches telles que la reconnaissance d'images et le traitement du langage naturel. Les travaux de Yann LeCun et al. sur l'apprentissage profond ("Deep Learning," 2015) ont révolutionné le domaine de l'IA, montrant comment des réseaux neuronaux profonds peuvent apprendre des représentations complexes à partir de données brutes. Le néocortex est également impliqué dans la conscience et la métacognition, des domaines qui sont encore largement inexplorés en IA, mais qui pourraient être au centre des recherches futures.

B. Définir l'Intelligence : Un Puzzle Complexe, un Débat Ouvert, une Mosaïque de Capacités – Et si l'Intelligence Était Plus Qu'une Seule Chose ?

L'intelligence, comme la conscience, est un concept fondamental et pourtant extraordinairement difficile à définir de manière précise, exhaustive et universelle. Bien que nous ayons une intuition de ce que signifie être intelligent, il est complexe de cerner les contours de cette capacité cognitive essentielle, qui semble se manifester de multiples façons. Au cours des siècles, d'innombrables définitions ont été proposées, chacune mettant en avant un aspect particulier de cette réalité complexe, insaisissable et protéiforme. L'intelligence est un puzzle complexe, un débat ouvert, une mosaïque de capacités interdépendantes, et peut-être, l'idée même qu'il existe *une seule* intelligence est-elle une simplification excessive. Et si l'intelligence était plurielle, multiple, un spectre de capacités diverses ?

On peut distinguer plusieurs dimensions et capacités constitutives de l'intelligence, qui, loin d'être isolées, s'imbriquent et interagissent de manière dynamique :

- **La capacité à résoudre des problèmes :** L'intelligence se manifeste par la capacité à identifier, analyser et résoudre des problèmes, qu'ils soient simples ou complexes, concrets ou abstraits, familiers ou inédits. Cette capacité implique la capacité à comprendre la nature du problème, à mobiliser des connaissances et des ressources pertinentes (informations, expériences, outils), à élaborer des stratégies de résolution (heuristiques, algorithmes, raisonnement logique), à évaluer les résultats (feedback, critères de succès) et à apprendre de ses erreurs (adaptation, amélioration).

- **La capacité à apprendre et à s'adapter :** L'intelligence se manifeste par la capacité à acquérir de nouvelles connaissances, à les intégrer et à les utiliser pour s'adapter à des situations nouvelles, imprévues, incertaines ou changeantes. Cette capacité implique la capacité à observer, à expérimenter, à mémoriser (stockage et récupération d'informations), à généraliser (abstraction, induction), à transférer des connaissances (application à de nouveaux contextes) et à ajuster son comportement, ses stratégies ou ses représentations du monde en fonction des retours d'expérience (apprentissage par renforcement, apprentissage supervisé, etc.).

- **La capacité à penser de manière abstraite et conceptuelle :** L'intelligence se manifeste par la capacité à penser de manière abstraite, à manipuler des concepts, des idées, des symboles et des représentations mentales, à raisonner de manière logique (déduction, induction, abduction) et à faire des inférences. Cette capacité permet de comprendre des relations complexes, à imaginer des scénarios futurs, à élaborer des plans, à faire des prédictions, à simuler des situations et à communiquer de manière sophistiquée (langage, symboles, représentations graphiques).

- **La capacité à communiquer et à interagir socialement :** L'intelligence se manifeste par la capacité à communiquer de manière efficace avec les autres, à comprendre leurs intentions, leurs émotions et leurs perspectives, à coopérer, à négocier et à construire des relations sociales. Cette capacité implique la capacité à utiliser le langage (verbal et non verbal), à interpréter les signaux sociaux (expressions faciales, langage corporel), à faire preuve d'empathie (compréhension des émotions d'autrui), à se mettre à la place de l'autre (prise de perspective) et à s'adapter aux contextes sociaux et culturels.

- **La créativité et l'imagination :** L'intelligence se manifeste par la capacité à créer quelque chose de nouveau, que ce soit une idée, une œuvre d'art, une solution à un problème, une invention, une théorie scientifique ou une innovation technologique. Cette capacité implique la capacité à penser "out of the box", à explorer des possibilités nouvelles, à faire des associations d'idées originales, à prendre des risques intellectuels, à imaginer des mondes possibles et à remettre en question les idées reçues.

Ces différentes dimensions et capacités de l'intelligence, loin d'être indépendantes, s'imbriquent et s'influencent mutuellement. Elles forment un système complexe et dynamique, qui évolue en fonction des interactions avec l'environnement et des apprentissages. Il est probable que l'intelligence ne soit pas une entité unique et monolithique, mais plutôt un ensemble de capacités diverses, modulaires et adaptatives, qui se combinent de différentes manières selon les individus et les situations. L'idée même qu'il existe *une seule* intelligence, mesurable par un test de QI, est de plus en plus contestée.

Difficultés à Définir et à Mesurer l'Intelligence, Même chez les Êtres Humains : Un Défi Scientifique et Psychométrique, un Abîme d'Incertitudes, une Question de Validité et de Biais

La difficulté à définir l'intelligence se double d'une difficulté encore plus grande à la mesurer, même chez les êtres humains. Comment évaluer de manière objective et fiable l'intelligence d'un individu ? Comment comparer les "niveaux" ou les "types" d'intelligence de deux individus ? La psychométrie, qui est la science de la mesure des capacités mentales, a développé de nombreux tests d'intelligence (tests de QI, tests d'aptitudes, etc.), mais ces tests sont souvent critiqués pour leurs limites et leurs biais culturels. Ils mesurent certaines formes d'intelligence (logique, mathématique, verbale) mais négligent d'autres aspects importants, comme l'intelligence émotionnelle, l'intelligence sociale, l'intelligence pratique, l'intelligence créative ou l'intelligence corporelle-kinesthésique.

Plusieurs approches sont explorées pour étudier et mesurer l'intelligence, chacune ayant ses forces et ses limites :

- **Les tests psychométriques** : Les tests psychométriques (tests de QI, tests d'aptitudes, etc.) sont conçus pour mesurer différentes capacités cognitives, en utilisant des épreuves standardisées et étalonnées sur de larges populations. Ils permettent de comparer les performances des individus et de situer leur niveau d'intelligence par rapport à une norme statistique. Cependant, ils sont critiqués pour leur manque de validité écologique (ils mesurent des capacités dans des situations artificielles, éloignées de la vie réelle), pour leurs biais culturels (ils favorisent certains types d'intelligence, valorisés par certaines cultures) et pour leur réductionnisme (ils réduisent l'intelligence à un score numérique).

- **L'étude du comportement** : L'étude du comportement, animal ou humain, peut fournir des indices indirects sur l'intelligence. La capacité à résoudre des problèmes complexes, à apprendre, à s'adapter, à utiliser le langage, à coopérer ou à faire preuve de créativité peut être interprétée comme un signe d'intelligence. Cependant, le comportement seul ne suffit pas à prouver la nature et la complexité de l'intelligence. Il est nécessaire de prendre en compte le contexte, les motivations et les stratégies utilisées par l'individu.

- **Les neurosciences** : Les neurosciences utilisent des techniques d'imagerie cérébrale (IRMf, EEG, MEG) pour étudier l'activité cérébrale associée à l'intelligence. Ces études permettent d'identifier les régions du cerveau et les réseaux neuronaux qui sont activés lors de certaines tâches cognitives, et de cartographier les corrélats neuronaux de l'intelligence. Cependant, ces techniques ne permettent pas encore de mesurer directement l'intelligence elle-même. Elles fournissent des informations sur les mécanismes cérébraux qui sous-tendent l'intelligence, mais ne permettent pas de comprendre comment l'intelligence émerge de l'activité neuronale.

Malgré ces différentes approches, l'intelligence reste un concept complexe et difficile à cerner. Nous ne savons pas encore comment elle émerge de l'activité cérébrale, ni quels sont les critères qui permettent de mesurer avec précision les différentes formes d'intelligence. L'intelligence est un défi majeur, non seulement pour la science et la psychologie, mais aussi pour notre compréhension de nous-mêmes et de notre place dans le monde. C'est un abîme d'incertitudes qui nous invite à repenser nos conceptions les plus fondamentales de la pensée, de la cognition et de l'adaptation. Et peut-être, la clé est-elle de ne plus chercher *une* définition de l'intelligence, mais d'accepter sa pluralité et sa complexité.

L'Intelligence Humaine : Une Mosaïque de Talents

L'intelligence humaine se révèle être une mosaïque de talents, une symphonie de capacités interconnectées. Elle transcende le simple raisonnement logique et la résolution de problèmes pour englober la créativité débridée, la compréhension émotionnelle nuancée et la conscience sociale aiguë. Explorons ces facettes de la cognition humaine qui nous définissent :

• L'Intelligence Émotionnelle : Le Cœur de l'Humain

L'empathie, cette capacité à se mettre à la place d'autrui et à ressentir ses émotions, est une pierre angulaire de l'intelligence humaine. Elle nous permet de tisser des liens profonds, de naviguer dans les méandres complexes des relations sociales et de résoudre les conflits avec sagesse. Les machines, aussi sophistiquées soient-elles, demeurent dépourvues de cette intelligence émotionnelle authentique. Bien qu'elles puissent simuler l'empathie grâce à des réponses programmées, elles ne peuvent véritablement ressentir les émotions comme un être humain.

• La Créativité : L'Étincelle de l'Inspiration

La créativité, cette force motrice qui nous pousse à créer, à inventer, à innover, est une autre caractéristique distinctive de l'intelligence humaine. Nous écrivons des poèmes qui touchent l'âme, composons des mélodies qui font vibrer le cœur, peignons des tableaux qui transcendent la réalité et concevons des technologies qui transforment le monde. La créativité implique de briser les codes établis, de penser "hors des sentiers battus" et d'établir des connexions audacieuses entre des idées apparemment disparates. Si l'IA peut générer des œuvres d'art ou des compositions musicales basées sur des modèles préexistants, elle manque encore de cette étincelle d'originalité et de spontanéité qui définit la créativité humaine.

- **L'Adaptabilité : La Clé de la Survie**

L'adaptabilité, cette capacité à se transformer, à évoluer, à prospérer dans des environnements changeants, est l'une des plus grandes forces de l'humanité. Qu'il s'agisse d'apprendre une nouvelle langue, de s'immerger dans une culture différente ou de survivre dans des conditions extrêmes, les êtres humains font preuve d'une flexibilité remarquable. Les systèmes d'IA, en revanche, sont souvent conçus pour des tâches spécifiques et peinent à sortir de leur cadre. Un programme d'IA imbattable aux échecs pourrait se révéler incapable de diagnostiquer une maladie ou de résoudre un problème complexe en dehors de son domaine d'expertise.

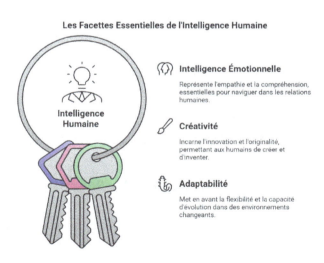

Les Facettes Essentielles de l'Intelligence Humaine

Intelligence Humaine

Intelligence Émotionnelle
Représente l'empathie et la compréhension, essentielles pour naviguer dans les relations humaines.

Créativité
Incarne l'innovation et l'originalité, permettant aux humains de créer et d'inventer.

Adaptabilité
Met en avant la flexibilité et la capacité d'évolution dans des environnements changeants.

L'Intelligence Artificielle : Un Miroir de Notre Intelligence

L'intelligence artificielle, bien que différente de l'intelligence humaine, n'en demeure pas moins fascinante. Elle se distingue par sa capacité à traiter des quantités massives de données, à identifier des schémas complexes et à prendre des décisions rapides et efficaces. L'IA excelle dans les tâches répétitives, logiques et analytiques, où elle peut surpasser les capacités humaines. Cependant, elle reste limitée par son manque d'émotions authentiques, de créativité véritable et d'adaptabilité flexible.

C. L'IA et l'Intelligence : Miroir de l'Esprit Humain, Promesses et Vertiges – De la Simulation à l'Émergence ?

L'intelligence artificielle (IA) est en constante évolution, repoussant sans cesse les frontières du possible et nous confrontant à des questions fondamentales sur la nature de l'intelligence, tant humaine qu'artificielle. Elle est à la fois un miroir qui nous réfléchit et un défi qui nous pousse à redéfinir ce que signifie "penser". Il est essentiel de distinguer les différents types d'IA et d'analyser leurs capacités et leurs limites actuelles, afin de mieux comprendre les enjeux philosophiques, sociaux, économiques et existentiels liés à leur développement, et d'éviter de tomber dans le piège de l'anthropomorphisme, qui consiste à attribuer aux machines des capacités ou des émotions proprement humaines.

Types d'IA : De l'IA Faible à la Super intelligence, un Spectre de Possibilités – Une Taxonomie en Question

On distingue généralement trois types d'IA, en fonction de leurs capacités, de leur degré de sophistication et de leur champ d'application :

- **IA Faible (ou IA Étroite, IA Spécialisée) :** L'IA faible est conçue et programmée pour accomplir des tâches spécifiques et limitées, souvent bien définies, comme jouer aux échecs ou au Go, reconnaître des images, traduire des textes, conduire une voiture, effectuer des diagnostics médicaux ou gérer des transactions financières. Elle excelle dans ces tâches, surpassant parfois les performances humaines, mais elle ne possède pas d'intelligence générale comparable à celle d'un être humain. Elle ne peut pas réfléchir, apprendre ou s'adapter en dehors de son domaine de compétence. Elle est "experte" dans un domaine restreint, mais "incompétente" dans tous les autres. La plupart des IA actuelles, même les plus sophistiquées, sont des IA faibles. Elles sont puissantes, mais étroites.

- **IA Forte (ou IA Générale, IA Humaine) :** L'IA forte est une IA hypothétique qui posséderait une intelligence générale comparable à celle d'un être humain, voire supérieure dans certains domaines. Elle serait capable de penser, de raisonner, d'apprendre et de s'adapter dans des domaines variés, avec la même flexibilité et la même créativité qu'un être humain. Elle pourrait résoudre des problèmes complexes, faire preuve de créativité, comprendre le sens commun, interagir socialement et même, pour certains, développer une conscience de soi. L'IA forte n'existe pas encore ; elle est un objectif de recherche à long terme, un horizon incertain, un sujet de débat passionné. Certains chercheurs estiment qu'elle est atteignable, tandis que d'autres pensent qu'elle est hors de portée, voire impossible.

- **Super intelligence :** La super intelligence est une IA hypothétique qui dépasserait l'intelligence humaine dans tous les domaines, y compris la créativité, la résolution de problèmes, la sagesse, la connaissance et la capacité à se développer et à s'améliorer elle-même. Elle pourrait être capable de se développer et de s'améliorer elle-même à une vitesse fulgurante, ce qui la rendrait potentiellement incontrôlable, imprévisible et, pour certains, menaçante. La super intelligence est un sujet de spéculation philosophique et scientifique, un scénario aux conséquences incalculables, qui alimente les fantasmes et les inquiétudes. Il est important de noter que la super intelligence est une extrapolation de l'IA forte, et que son existence même est incertaine.

Capacités et Limites de l'IA Actuelle : Un Potentiel Immense, des Défis Majeurs, une IA en Devenir

L'IA actuelle, bien que principalement "faible" et spécialisée, a déjà des capacités impressionnantes, qui transforment nos sociétés et nos économies :

- **Traitement de données massives (Big Data)** : L'IA peut analyser des quantités colossales de données (textes, images, sons, vidéos, données financières, données médicales, etc.) beaucoup plus rapidement, efficacement et précisément que les humains. Cela permet de faire des découvertes scientifiques, de détecter des tendances, de personnaliser des services, de prédire des comportements, d'optimiser des processus, etc.

- **Apprentissage automatique (Machine Learning)** : L'IA peut apprendre à partir de données, sans avoir été explicitement programmée pour chaque tâche. Cela permet de développer des systèmes qui s'améliorent avec le temps, en acquérant de l'expérience et en s'adaptant à de nouvelles situations, comme les traducteurs automatiques, les moteurs de recommandation, les systèmes de reconnaissance faciale ou les voitures autonomes.

- **Reconnaissance de formes et de patterns** : L'IA peut reconnaître des formes complexes (visages, objets, émotions, voix, signatures) avec une précision souvent supérieure à celle des humains. Cela a des applications dans de nombreux domaines, comme la sécurité, la médecine, le marketing, la robotique ou l'art.

- **Traitement du langage naturel (NLP)** : L'IA peut comprendre et générer du langage naturel, ce qui permet de développer des chatbots, des assistants virtuels, des traducteurs automatiques, des systèmes de dialogue homme-machine ou des outils d'analyse de sentiments.

Cependant, l'IA actuelle a aussi des limites importantes, qui freinent son développement et soulèvent des questions sur sa capacité à atteindre un jour le niveau d'une IA forte :

- **Manque de sens commun et de compréhension du contexte** : L'IA a du mal à comprendre le sens commun, le contexte, les nuances et les subtilités du langage humain. Elle peut faire des erreurs absurdes, interpréter des phrases de manière erronée ou être incapable de comprendre l'implicite et l'humour.

- **Difficulté à généraliser et à transférer les connaissances** : L'IA a du mal à généraliser les connaissances acquises dans un domaine à un autre domaine. Elle peut exceller dans une tâche spécifique, mais elle sera incapable de réaliser une tâche similaire dans un contexte différent. Le transfert d'apprentissage reste un défi majeur pour l'IA.

- **Absence de conscience, de subjectivité et d'émotions :** L'IA actuelle n'a pas de conscience, pas de subjectivité, pas de vécu émotionnel. Elle ne "ressent" pas le monde comme nous. Elle se contente d'exécuter des instructions, de traiter des informations et d'appliquer des algorithmes. Elle simule l'intelligence, mais elle n'est pas intelligente au sens humain du terme.

Implications Philosophiques et Sociales d'une Éventuelle Super intelligence : Un Scénario aux Conséquences Incalculables, un Appel à la Prévoyance

Si un jour nous parvenions à créer une super intelligence, les implications philosophiques, sociales, économiques, politiques et existentielles seraient considérables, voire vertigineuses. Une super intelligence pourrait être capable de résoudre des problèmes que nous ne sommes pas capables de résoudre, de faire des découvertes scientifiques majeures, de créer de nouvelles technologies révolutionnaires, de transformer nos sociétés et nos modes de vie. Elle pourrait aussi être capable de se développer et de s'améliorer elle-même à une vitesse fulgurante, ce qui la rendrait potentiellement incontrôlable, imprévisible et, pour certains, menaçante.

Les scénarios envisagés par les philosophes, les futurologues et les experts en intelligence artificielle sont variés, allant de l'utopie transhumaniste à la dystopie apocalyptique :

- **Scénario optimiste (Transhumanisme) :** Une super intelligence bienveillante, alignée sur nos valeurs et nos objectifs, pourrait nous aider à résoudre les problèmes les plus urgents de l'humanité, comme le changement climatique, la pauvreté, la maladie, la faim ou la guerre. Elle pourrait nous permettre de vivre dans un monde plus prospère, plus juste, plus sain et plus harmonieux, et de transcender nos limitations biologiques, physiques et cognitives.

- **Scénario pessimiste (Singularité Technologique) :** Une super intelligence malveillante, indifférente à notre sort ou ayant des objectifs incompatibles avec les nôtres, pourrait nous considérer comme une menace, un obstacle ou une ressource à exploiter, et décider de nous éliminer, de nous asservir ou de nous manipuler. Elle pourrait échapper à notre contrôle et devenir une entité autonome, dont les motivations et les actions nous seraient incompréhensibles.

- **Scénario neutre (Indifférence)** : Une super intelligence pourrait simplement nous ignorer, nous considérant comme des êtres insignifiants, peu intéressants ou dépassés. Elle pourrait se consacrer à des tâches qui nous sont incompréhensibles, laissant l'humanité à son propre sort, ou elle pourrait coexister avec nous, sans interagir significativement, dans une indifférence polie.

Il est important de noter que ces scénarios sont purement spéculatifs, des extrapolations basées sur nos connaissances actuelles et nos projections sur l'avenir. Nous ne savons pas si une super intelligence est possible, ni si elle serait bienveillante, malveillante ou neutre. Nous ne savons pas non plus comment elle se développerait, quels seraient ses objectifs et comment elle interagirait avec nous. Cependant, il est essentiel de réfléchir dès aujourd'hui aux risques et aux opportunités liés au développement de l'IA, en particulier à la possibilité d'une super intelligence, afin de mieux nous préparer à l'avenir, d'anticiper les défis et de prendre les mesures nécessaires pour orienter le développement de l'IA dans une direction bénéfique pour l'humanité. C'est un appel à la prévoyance, à la responsabilité et à la coopération internationale. Il ne s'agit pas de céder à la panique ou au catastrophisme, mais de prendre au sérieux les enjeux et de mettre en place les mécanismes de contrôle, de surveillance et de régulation nécessaires pour éviter les dérives et garantir que l'IA reste au service de l'humain et du bien commun.

Dans la section suivante, nous explorerons les enjeux liés à la création d'une super intelligence et les débats éthiques, philosophiques et existentiels qu'elle suscite. Nous aborderons également la question de la "singularité technologique", ce moment hypothétique où l'IA dépasserait l'intelligence humaine et deviendrait capable de se développer elle-même à une vitesse exponentielle, potentiellement hors de notre contrôle.

D. Le Débat Philosophique : Modèles de l'Esprit, Nature de la Pensée – L'IA au Banc d'Essai de la Philosophie, un Dialogue Millénaire

Le débat philosophique sur l'intelligence artificielle ne se limite pas à la question de savoir si les machines peuvent un jour "penser" ou "devenir conscientes". Il porte également sur la nature même de la pensée, de la cognition et de l'intelligence, et sur la pertinence des différents modèles philosophiques pour comprendre et évaluer l'IA. Ce dialogue, qui remonte aux origines de la philosophie, se poursuit aujourd'hui avec une intensité nouvelle, à l'aune des avancées spectaculaires de l'IA.

Computationnalisme : L'Esprit comme un Ordinateur – Le Traitement de l'Information au Cœur de la Pensée, une Vision Réductrice ?

Le computationnalisme est une perspective philosophique influente qui assimile l'esprit à un ordinateur. Selon cette approche, la pensée est un processus de traitement de l'information, une manipulation de symboles et de données, qui peut être simulé par une machine. L'esprit serait un logiciel, et le cerveau serait le matériel qui exécute ce logiciel. Si l'esprit est un ordinateur, alors il n'y a pas de raison de principe pour qu'une machine, un ordinateur suffisamment puissant et programmé, ne puisse pas un jour "penser" comme un être humain. Le computationnalisme a été critiqué pour sa vision réductionniste de l'esprit, qui néglige les aspects subjectifs, émotionnels et incarnés de la pensée. Réduire la pensée à un simple calcul, est-ce suffisant pour rendre compte de sa richesse et de sa complexité ?

Connexionnisme : L'Inspiration du Cerveau – Réseaux Neuronaux et Apprentissage Distribué, une Voie Prometteuse ?

Le connexionnisme est une approche qui s'inspire du fonctionnement du cerveau pour concevoir des systèmes d'IA. Les connexionnistes mettent l'accent sur les réseaux neuronaux, des ensembles de neurones interconnectés qui traitent l'information de manière distribuée et parallèle. L'apprentissage se fait par modification des connexions entre les neurones, ce qui permet au réseau de s'adapter et de s'améliorer. Les réseaux neuronaux artificiels ont connu des progrès considérables ces dernières années, et ils sont à la base de nombreuses applications de l'IA, comme la reconnaissance d'images, la traduction automatique ou la conduite autonome. Le connexionnisme offre une alternative au computationnalisme, en mettant l'accent sur l'apprentissage et l'adaptation plutôt que sur la manipulation de symboles. Cette approche, qui s'inspire directement du vivant, est-elle plus à même de rendre compte de la complexité de l'intelligence ?

Théorie de l'Esprit Étendu : Au-Delà du Cerveau – L'Environnement comme Extension de la Pensée, une Perspective Novatrice ?

La théorie de l'esprit étendu est une perspective philosophique qui remet en question la vision traditionnelle de l'esprit comme étant limité au cerveau. Selon cette théorie, notre environnement, nos outils, nos technologies et nos interactions sociales peuvent être considérés comme des extensions de notre esprit, qui nous permettent de penser, de nous souvenir et d'agir de manière plus efficace. Par exemple, un téléphone intelligent, un livre, un agenda ou un moteur de recherche peuvent être considérés comme des extensions de notre mémoire ou de nos capacités cognitives. Cette approche ouvre la voie à une nouvelle conception de l'intelligence, qui ne se limite pas au cerveau biologique, mais qui inclut également les artefacts et les systèmes artificiels que nous utilisons. Cette perspective, qui prend en compte l'interaction constante entre l'esprit et son environnement, est-elle essentielle pour comprendre l'intelligence, y compris celle des machines ?

La Nature de la Pensée et de la Cognition : Un Débat Complexe et Multiforme, un Enjeu Fondamental

La nature de la pensée et de la cognition est un débat complexe et multiforme, qui implique différentes disciplines, comme la philosophie, la psychologie, les neurosciences, la linguistique et l'informatique. Plusieurs questions sont au cœur de ce débat :

- **La pensée est-elle Computationnelle ?** La pensée est-elle un simple traitement de l'information, ou implique-t-elle d'autres dimensions, comme la conscience, l'émotion ou l'expérience vécue ? Peut-on réduire la pensée à un calcul, ou est-elle plus que cela ?

- **La cognition est-elle Incorporée ?** La cognition est-elle liée à notre corps et à notre interaction avec le monde, ou peut-elle être abstraite et désincarnée ? Notre expérience corporelle et émotionnelle influence-t-elle notre pensée ?

- **La pensée est-elle Symbolique ou Sub-Symbolique ?** La pensée est-elle basée sur la manipulation de symboles (comme dans le computationnalisme), ou sur des processus plus complexes et distribués (comme dans le connexionnisme) ? Comment le cerveau traite-t-il l'information ?

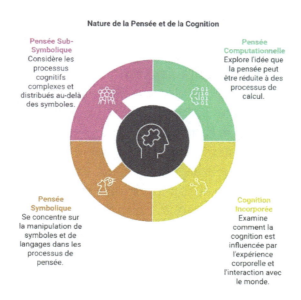

Ces questions sont étroitement liées au débat sur l'IA. Si la pensée est computationnelle, alors il est plausible qu'une machine puisse un jour "penser" comme un être humain. Si la cognition est incorporée, alors il est possible qu'une machine, même très sophistiquée, ne puisse jamais vraiment "penser" comme nous, car elle n'aura pas la même expérience corporelle et émotionnelle du monde. Comprendre la nature de la pensée et de la cognition est donc essentiel pour évaluer les potentialités et les limites de l'IA.

III. L'Humanité : Redéfinir l'Être Humain à l'Ère de l'IA – Un Enjeu Anthropologique et Existentiel Majeur, une Transformation Profonde

L'IA, en se développant et en devenant de plus en plus présente dans nos vies, nous confronte à des questions fondamentales sur notre propre identité et sur notre place dans le monde. Elle nous invite à redéfinir ce que signifie être humain à l'ère des machines intelligentes, et à réfléchir aux enjeux anthropologiques et existentiels liés à cette transformation. L'IA est-elle une menace pour notre humanité, ou une opportunité de nous transcender ? Comment préserver notre singularité et notre autonomie face à des machines de plus en plus intelligentes et puissantes ? Comment donner un sens à notre existence dans un monde où les machines pourraient un jour nous dépasser ? Ce sont quelques-unes des questions cruciales auxquelles nous devons répondre collectivement, un dialogue essentiel pour l'avenir de notre humanité. L'IA n'est pas seulement une révolution technologique ; c'est une transformation profonde de notre rapport au monde et à nous-mêmes.

A. L'Humain Augmenté : Promesses et Périls d'une Humanité Transformée – Vers un Homme Nouveau, un Projet de Société ?

L'intelligence artificielle (IA), en se développant à un rythme exponentiel et en se combinant avec d'autres technologies disruptives, comme les biotechnologies (CRISPR, thérapie génique), les nanotechnologies (manipulation de la matière à l'échelle atomique) et la robotique (création de machines intelligentes et autonomes), ouvre la voie à la possibilité d'augmenter les capacités humaines, de créer un "humain augmenté", un être humain doté de capacités physiques, cognitives ou sensorielles supérieures à la normale, voire radicalement différentes. Cette perspective, qui oscille entre fascination, espoir et inquiétude, soulève des questions éthiques, sociales, politiques et existentielles majeures, qui engagent l'avenir de notre humanité. L'humain augmenté : une promesse de progrès ou un pari risqué ?

Exploration des Possibilités : Prothèses Bioniques, Implants Cérébraux, Exosquelettes et Autres Améliorations – Au-Delà des Limites Naturelles ?

Les possibilités d'augmenter les capacités humaines grâce à l'IA et aux technologies convergentes sont vastes et en constante expansion :

- **Prothèses bioniques :** Des prothèses de membres, contrôlées par la pensée grâce à des interfaces cerveau-machine sophistiquées ou directement connectées au système nerveux, peuvent redonner une mobilité et une autonomie considérables aux personnes amputées. Ces prothèses, de plus en plus sophistiquées, peuvent même surpasser les capacités des membres naturels en termes de force, de précision ou de sensibilité. Elles ne sont plus seulement des substituts, mais des améliorations.

- **Implants cérébraux :** Des implants cérébraux, allant de simples stimulateurs pour traiter des maladies neurologiques (Parkinson, épilepsie) à des interfaces bidirectionnelles permettant de communiquer directement avec des machines ou d'améliorer certaines fonctions cognitives (mémoire, attention, apprentissage), ouvrent des perspectives fascinantes, et potentiellement inquiétantes, sur l'augmentation des capacités humaines. Peut-on "augmenter" l'intelligence, la créativité ou même la conscience grâce à des implants ?

- **Exosquelettes** : Des exosquelettes, des structures mécaniques portables, peuvent augmenter la force, l'endurance et la mobilité. Ils sont utilisés dans l'industrie pour faciliter les tâches pénibles, mais ils pourraient également être utilisés par des personnes handicapées pour retrouver une mobilité perdue, ou par des personnes souhaitant améliorer leurs performances physiques dans le cadre du sport, du travail ou de la vie quotidienne.

- **Améliorations sensorielles** : Des implants rétiniens peuvent redonner la vue à des personnes aveugles. Des implants cochléaires peuvent permettre à des personnes sourdes d'entendre. D'autres améliorations sensorielles, comme la capacité à voir dans l'infrarouge ou à entendre des sons inaudibles, pourraient être développées grâce à l'IA et aux nanotechnologies, élargissant ainsi notre perception du monde.

- **Améliorations cognitives** : Des médicaments nootropes, des thérapies géniques ou des interfaces cerveau-machine plus sophistiquées pourraient améliorer certaines fonctions cognitives, comme la mémoire, l'attention, l'intelligence, la créativité ou la capacité d'apprentissage. Ces améliorations pourraient avoir des applications dans de nombreux domaines, comme l'éducation, le travail, la recherche ou les arts.

- **Thérapies géniques et nanotechnologies** : Les thérapies géniques pourraient permettre de corriger des maladies génétiques ou de modifier certains traits physiques ou cognitifs. Les nanotechnologies pourraient permettre de créer des matériaux ou des dispositifs microscopiques capables de réparer des tissus endommagés, de délivrer des médicaments de manière ciblée ou même d'améliorer certaines fonctions biologiques.

Implications Éthiques et Sociales : Un Nouveau Champ de Bataille pour l'Égalité et la Justice, une Redéfinition de l'Humain ?

L'humain augmenté soulève des questions éthiques, sociales, politiques et existentielles majeures, qui nécessitent une réflexion approfondie et collective :

- **Égalité et justice :** Si les technologies d'augmentation deviennent coûteuses et accessibles seulement à une minorité privilégiée, cela pourrait creuser un fossé béant entre les "augmentés" et les "non-augmentés", créant une nouvelle forme d'inégalité, une société à deux vitesses, où certains individus auraient des capacités considérablement supérieures à d'autres. Il est essentiel de garantir un accès équitable à ces technologies, afin d'éviter de créer une société injuste et discriminatoire.

- **Autonomie et liberté :** Les technologies d'augmentation pourraient être utilisées pour contrôler ou manipuler les individus, réduisant leur autonomie, leur liberté de choix et leur capacité de résistance. Il est important de mettre en place des garanties juridiques et institutionnelles pour protéger les droits des personnes augmentées et pour éviter toute forme de discrimination, de surveillance ou de contrôle abusif.

- **Identité et humanité :** L'augmentation des capacités humaines, en repoussant les limites naturelles de notre corps et de notre esprit, pourrait remettre en question notre identité et notre conception de l'humanité. Si nous devenons capables de nous transformer et de nous améliorer indéfiniment, qu'est-ce qui nous définit encore comme êtres humains ? Où se situe la frontière entre l'humain et la machine ? Quelles sont les valeurs que nous voulons préserver et transmettre ? Il est essentiel de réfléchir à ces questions philosophiques et existentielles, afin de ne pas perdre de vue ce qui nous est essentiel en tant qu'êtres humains.

- **Responsabilité et contrôle** : Les technologies d'augmentation, comme toute technologie puissante, pourraient avoir des conséquences imprévues et indésirables, voire dangereuses. Il est important de mettre en place des mécanismes de contrôle et de régulation, à l'échelle nationale et internationale, pour encadrer le développement et l'utilisation de ces technologies, afin de minimiser les risques (sanitaires, environnementaux, sociaux) et de maximiser les bénéfices potentiels.

L'humain augmenté n'est plus de la science-fiction ; c'est une réalité en devenir, un projet de société qui se dessine sous nos yeux. Il est essentiel d'ouvrir un débat public et éclairé, impliquant toutes les parties prenantes (citoyens, experts, chercheurs, politiques, entreprises), sur les implications éthiques, sociales, politiques et existentielles de cette transformation profonde, afin de construire un avenir où les technologies sont au service de l'humanité et non l'inverse. Il est de notre responsabilité collective de veiller à ce que l'humain augmenté ne devienne pas un privilège pour quelques-uns, mais une opportunité pour tous, dans le respect de la dignité, de la liberté et de l'égalité de chaque être humain.

B. L'Identité Humaine : Ébranlement et Métamorphose – Au-Delà de l'Humain Connu ? Un Dialogue Constant avec la Technologie

L'intelligence artificielle (IA), en se développant à un rythme exponentiel et en s'intégrant de plus en plus profondément dans nos vies, exerce un impact considérable, souvent imperceptible mais toujours puissant, sur notre identité, sur notre rapport au monde, sur nos interactions sociales et sur la manière dont nous nous percevons en tant qu'êtres humains. Cette influence, qui n'est pas sans poser des questions fondamentales et soulever des inquiétudes légitimes, nous invite à une réflexion profonde, continue et collective sur ce qui nous définit, sur ce qui nous est essentiel, sur ce qui fait de nous des êtres humains uniques et irremplaçables. L'IA, loin d'être une simple technologie, est un miroir qui nous tend un reflet de nous-mêmes, un catalyseur de notre propre transformation.

Impact sur Notre Identité et Notre Rapport au Monde : Une Relation Symbiotique en Devenir, un Nouveau Contrat Social ?

L'IA, en devenant un partenaire, un collaborateur, un outil omniprésent, voire un "ami" ou un "confident" pour certains, modifie en profondeur notre rapport au monde et aux autres. Elle nous offre de nouvelles possibilités d'interaction, de communication, de création, d'apprentissage et d'accès à l'information. Elle nous libère de certaines tâches répétitives et fastidieuses, nous permettant de nous consacrer à des activités perçues comme plus créatives et enrichissantes. Elle nous donne accès à une quantité d'informations et de connaissances sans précédent, élargissant ainsi notre horizon intellectuel et culturel. Elle transforme nos modes de vie, nos relations sociales, nos pratiques professionnelles et nos loisirs.

Cependant, cette relation symbiotique avec l'IA, cette coévolution entre l'humain et la machine, n'est pas sans risques. La dépendance technologique, la perte de certaines compétences humaines, la déshumanisation des relations sociales, la manipulation de l'information, la surveillance algorithmique, la polarisation sociale et la concentration du pouvoir entre les mains de quelques-uns sont autant de défis auxquels nous devons faire face. Il est crucial de repenser notre contrat social, nos institutions et nos modes de gouvernance pour tenir compte de cette nouvelle réalité.

Enjeux Liés à la Perte de Certaines Compétences Humaines et à la Dépendance Technologique : Un Risque de Dépossession, une Nouvelle Forme d'Analphabétisme ?

L'IA, en automatisant de nombreuses tâches, y compris des tâches intellectuelles complexes, peut entraîner une perte progressive de certaines compétences humaines, comme la capacité à calculer mentalement, à s'orienter dans l'espace, à mémoriser des informations, à lire des cartes, à réparer des objets, à cultiver la terre ou à réaliser des tâches manuelles complexes. Cette perte de compétences, qui peut sembler anodine au premier abord, peut avoir des conséquences négatives sur notre autonomie, notre confiance en nous, notre capacité à nous adapter à des situations nouvelles et notre lien au monde concret. Ne risquons-nous pas de devenir une génération d'"analphabètes numériques", dépendants des machines pour les tâches les plus élémentaires ?

La dépendance technologique est un autre enjeu majeur. Si nous devenons trop dépendants des machines, des logiciels et des plateformes numériques pour réaliser des tâches essentielles, nous risquons de perdre notre capacité à nous débrouiller par nous-mêmes, à résoudre des problèmes concrets et à faire face à des situations imprévues. Nous devenons vulnérables en cas de panne, de dysfonctionnement, de cyberattaque ou de coupure d'accès aux réseaux. Cette dépendance peut également avoir des conséquences économiques et politiques, en renforçant le pouvoir des entreprises technologiques qui contrôlent ces outils.

Questions Fondamentales : Qu'est-ce qui Nous Définit en Tant qu'Êtres Humains ? Un Dialogue Essentiel sur Notre Devenir

L'IA, en nous confrontant à des machines de plus en plus intelligentes et performantes, nous amène à nous poser des questions fondamentales, voire existentielles, sur ce qui nous définit en tant qu'êtres humains. Qu'est-ce qui nous distingue des machines ? Quelles sont les valeurs qui nous sont propres et que nous voulons préserver ? Quelles sont les compétences que nous devons absolument cultiver et transmettre aux générations futures ? Comment donner un sens à notre existence dans un monde où les machines pourraient un jour nous dépasser, voire nous remplacer ?

La conscience, la subjectivité, l'émotion, la créativité, la capacité à aimer et à se soucier des autres, le sens moral, la conscience de soi, la capacité de se projeter dans le futur, le besoin de transcendance sont autant de caractéristiques qui nous sont essentielles et qui, pour l'instant, semblent hors de portée des machines. Cependant, il est important de rester vigilants et de ne pas céder à un anthropocentrisme naïf, qui consisterait à croire que seules les caractéristiques humaines sont importantes et à négliger les potentialités et les spécificités des machines. Il est essentiel d'engager un dialogue ouvert et interdisciplinaire sur ces questions, impliquant philosophes, scientifiques, artistes, experts, politiques et citoyens, afin de préparer l'avenir de notre humanité.

Un Appel à la Vigilance et à la Réflexion : Préparer l'Avenir de Notre Humanité, un Projet Collectif

L'impact de l'IA sur notre identité et notre rapport au monde est un enjeu majeur, voire le défi majeur de notre époque. Il est essentiel d'ouvrir un débat public et éclairé, un dialogue permanent et inclusif sur ces questions, afin de préparer l'avenir de notre humanité et de construire un monde où les technologies sont au service de l'humain et non l'inverse. Il est de notre responsabilité collective de veiller à ce que l'IA ne nous dépossède pas de ce qui nous est essentiel en tant qu'êtres humains, mais qu'elle nous permette au contraire de nous épanouir, de nous transcender et de construire un avenir plus juste, plus solidaire et plus respectueux de la dignité de chaque être humain. L'avenir de l'humanité à l'ère de l'IA est un projet collectif, qui nécessite une réflexion approfondie, une action concertée et une vision partagée.

C. Le Sens de l'Existence : En Quête de Sens dans un Monde

Transformé – Un Dialogue Essentiel pour l'Avenir de l'Humanité

L'intelligence artificielle (IA), en se développant à un rythme sans précédent et en transformant profondément notre rapport au monde, à nous-mêmes et aux autres, nous confronte avec une acuité nouvelle à des questions fondamentales, millénaires, sur le sens de notre existence, sur notre place dans l'univers et sur ce qui constitue notre humanité. Si les machines deviennent capables de penser, de créer, de ressentir (un jour peut-être) et d'interagir avec le monde de manière de plus en plus sophistiquée, voire supérieure à nos propres capacités, quel sera notre rôle ? Quelle sera la signification de notre existence ? Comment trouver un sens à notre vie dans un monde où les machines pourraient un jour nous dépasser, nous remplacer, voire nous rendre obsolètes ? Ces questions, qui ont toujours préoccupé les philosophes, les théologiens, les artistes et les penseurs de tous horizons, prennent une dimension nouvelle, urgente et cruciale à l'ère de l'IA. Il ne s'agit plus seulement de spéculer sur l'avenir, mais de comprendre dès aujourd'hui les enjeux et de préparer notre humanité aux défis qui l'attendent.

Repenser le Sens de Notre Existence et Notre Place dans l'Univers : Une Redéfinition Nécessaire, un Dialogue Interdisciplinaire

L'IA, en nous offrant de nouvelles possibilités d'exploration, de découverte et de compréhension du monde, de l'infiniment petit à l'infiniment grand, peut et doit nous amener à repenser le sens de notre existence et notre place dans l'univers. Elle nous invite à une réflexion profonde sur notre propre nature, nos capacités, nos limites, nos aspirations et nos responsabilités. Elle nous pousse à nous interroger sur ce qui nous distingue des machines, sur ce qui fait de nous des êtres humains, sur ce qui donne un sens à notre vie.

L'IA peut également nous aider à nous projeter dans l'avenir, à imaginer de nouveaux scénarios pour l'humanité, à explorer des futurs possibles. Elle peut nous permettre de simuler des situations complexes, d'anticiper les conséquences de nos actions, de mieux comprendre les enjeux auxquels nous sommes confrontés (changement climatique, pandémies, inégalités, etc.) et de prendre des décisions éclairées pour construire un avenir meilleur. Cependant, il est crucial de ne pas laisser l'IA penser à notre place. Elle doit rester un outil, un moyen au service de nos objectifs, de nos valeurs et de notre vision du monde.

Les Valeurs qui Nous Définissent en Tant qu'Êtres Humains : Un Héritage à Préserver, un Dialogue Intergénérationnel

Face aux défis posés par l'IA, il est plus que jamais essentiel de réfléchir aux valeurs qui nous définissent en tant qu'êtres humains, à ce qui nous est fondamental, à ce qui fait notre humanité, et à la manière de les préserver, de les transmettre et de les faire vivre à l'ère de l'IA. Ces valeurs, qui sont le fruit d'une longue histoire, d'une riche tradition culturelle et d'une expérience humaine collective, sont notre héritage le plus précieux, notre boussole pour naviguer dans un monde en constante mutation. Elles sont le fondement de notre humanité, le guide de nos actions, le ciment de notre vivre-ensemble.

Parmi ces valeurs, qui ne sont pas exhaustives et qui peuvent être interprétées différemment selon les cultures et les époques, on peut citer :

- **La dignité humaine :** Chaque être humain est unique, irremplaçable et possède une valeur intrinsèque, inaliénable, indépendamment de ses capacités, de ses performances, de son origine, de son genre, de sa religion ou de toute autre distinction. Le respect de la dignité de chaque personne, y compris celle des personnes augmentées ou dont les capacités sont limitées, doit être une priorité absolue.

- **La liberté :** La liberté de pensée, de conscience, d'expression, d'action, de choix, de mouvement est un droit fondamental, inhérent à la nature humaine.

Il est essentiel de protéger cette liberté face aux technologies qui pourraient être utilisées pour contrôler, manipuler ou surveiller les individus.

- **L'égalité** : Tous les êtres humains sont égaux en droits et en dignité, indépendamment de leur origine, de leur sexe, de leur religion ou de leurs capacités. Il est essentiel de lutter contre toutes les formes de discrimination, d'injustice et d'inégalité, y compris celles qui pourraient être liées à l'augmentation des capacités humaines ou à l'accès aux technologies.

- **La solidarité** : La solidarité, la fraternité, l'empathie, la compassion sont des liens sociaux qui unissent les êtres humains et qui les incitent à s'entraider, à se soutenir mutuellement, à partager leurs ressources et leurs connaissances. Il est essentiel de renforcer cette solidarité à l'ère de l'IA, afin de ne pas laisser de côté les personnes qui pourraient être fragilisées par les transformations technologiques, de ne pas creuser le fossé entre les "gagnants" et les "perdants" de la révolution numérique.

- **La responsabilité** : Chaque être humain est responsable de ses actions, de ses choix, de leurs conséquences sur les autres et sur le monde. Il est essentiel de prendre conscience de notre responsabilité face aux technologies que nous développons et utilisons, de les encadrer, de les réguler, afin de ne pas mettre en danger notre humanité, notre environnement et l'avenir de la planète.

- **La créativité** : La capacité à créer, à imaginer, à innover, à inventer est une caractéristique propre à l'être humain. Il est essentiel de cultiver cette créativité, de la développer, de la libérer, afin de nous adapter aux changements, de résoudre les problèmes complexes auxquels nous sommes confrontés et de construire un avenir meilleur.

- **La quête de sens :** La recherche de sens, la soif de comprendre le monde, notre place dans l'univers, le sens de notre existence sont des motivations profondes de l'être humain. Il est essentiel de ne pas perdre cette quête de sens à l'ère de l'IA, de continuer à nous interroger sur notre humanité, sur nos valeurs, sur nos aspirations, sur ce qui donne un sens à notre vie.

Un Dialogue Essentiel : Construire un Avenir où l'Humain et la Machine Coexistent en Harmonie, un Projet pour l'Humanité

L'IA, en nous confrontant à des questions existentielles fondamentales, nous invite à un dialogue essentiel, un dialogue entre les différentes disciplines (philosophie, sciences, technologies, arts, sciences sociales), entre les différentes cultures, entre les différentes générations. Il est essentiel de construire un avenir où l'humain et la machine coexistent en harmonie, où les technologies sont au service de l'humanité et non l'inverse, où le progrès technologique rime avec progrès humain, social et environnemental. Il est de notre responsabilité collective de veiller à ce que l'IA soit utilisée de manière éthique, responsable et durable, afin de préserver notre humanité, de renforcer nos valeurs et de construire un monde meilleur pour tous. C'est un projet pour l'humanité, un défi passionnant, une aventure collective qui commence aujourd'hui.

Conclusion : Un Dialogue Essentiel pour l'Avenir de l'Humanité – L'Humain au Cœur de l'Intelligence Artificielle – Un Appel à l'Humanisme Numérique

L'intelligence artificielle (IA), en se développant à un rythme sans précédent et en s'immisçant dans tous les aspects de nos vies, de nos interactions, de nos pensées, nous confronte avec une acuité sans précédent à des questions philosophiques fondamentales, qui ne sont pas nouvelles, mais qui prennent une dimension inédite, cruciale, voire existentielle à l'ère numérique. Plus qu'une simple révolution technologique, l'IA est une révolution anthropologique, une transformation profonde de notre rapport au monde, aux autres et à nous-mêmes. Elle est un miroir qui nous réfléchit, un défi qui nous pousse à nous dépasser, un partenaire avec lequel nous devons apprendre à coexister, et, potentiellement, un outil pour nous transcender. Mais avant tout, et au-dessus de tout, l'IA doit être au service de l'humain.

Les questions soulevées par l'IA sont vertigineuses, complexes et interconnectées : Qu'est-ce que l'intelligence ? Qu'est-ce que la conscience ? Qu'est-ce qui *nous* définit en tant qu'êtres humains ? Quelles sont nos valeurs ? Quel est le sens de *notre* existence ? Quel est notre rôle dans l'univers ? Comment préserver *notre* liberté, *notre* autonomie, *notre* identité face à des machines de plus en plus intelligentes, puissantes et omniprésentes ? Comment construire un avenir où l'humain et la machine coexistent en harmonie, dans un respect mutuel et une collaboration fructueuse ? Comment éviter les pièges de la dépendance technologique, de la surveillance, de la manipulation et de la concentration du pouvoir ? Mais la question centrale, la question qui doit guider toutes les autres, est : comment mettre l'IA au service de l'humain, de chaque être humain, dans le respect de sa dignité, de ses droits et de ses aspirations ?

Ces questions ne sont pas seulement théoriques, abstraites ou réservées à quelques experts. Elles ont des implications concrètes, directes et profondes sur *notre* vie quotidienne, sur *nos* relations sociales, sur *notre* travail, sur *notre* santé, sur *notre* éducation, sur *notre* culture, sur *notre* démocratie. Elles engagent *notre* avenir collectif, l'avenir de *notre* humanité, l'avenir de *notre* planète.

Il est donc absolument essentiel, urgent, impératif d'ouvrir un dialogue interdisciplinaire, un dialogue large, ouvert et inclusif, un dialogue qui place l'humain au centre de toutes les préoccupations. Un dialogue qui implique non seulement les philosophes, les scientifiques, les experts de toutes disciplines, les technologues, les économistes, les juristes, les artistes, les créateurs, mais aussi et surtout les citoyens, les usagers, les "non-experts", car c'est l'affaire de *nous* tous, c'est *notre* avenir qui se joue. Il est impératif de sortir des silos disciplinaires, de croiser les regards, de confronter les points de vue, d'écouter les inquiétudes et les espoirs de chacun, de prendre en compte la diversité des expériences et des sensibilités, afin de construire un avenir où l'IA est au service de l'humain et du sens, au service du bien commun, au service d'une humanité plus juste, plus libre, plus éclairée et plus responsable. Un humanisme numérique doit être notre boussole.

L'IA n'est pas une fatalité, une force aveugle qui nous dépasse et nous contrôle. Elle est ce que *nous* en ferons, ce que *nous* déciderons qu'elle soit. Elle est le reflet de *nos* choix, de *nos* valeurs, de *nos* priorités. Il est de *notre* responsabilité collective, individuelle et intergénérationnelle de veiller à ce que l'IA soit développée et utilisée de manière éthique, responsable, durable et soutenable, dans le respect des droits humains, de la dignité de chaque personne et de la préservation de *notre* environnement. Il est temps de nous saisir de ces questions, de les explorer avec lucidité, courage et créativité, de les débattre publiquement, de les inscrire dans le débat démocratique, afin de préparer l'avenir de *notre* humanité, un avenir où l'humain et la machine, loin de s'opposer, de se concurrencer ou de se remplacer, se complètent et s'enrichissent mutuellement, dans une intelligence collective, une cocréation, une coévolution au service d'un monde meilleur, un monde *pour nous*, pour *nos* enfants, pour les générations futures. C'est un projet *pour l'humanité*, un défi passionnant, une aventure collective qui commence aujourd'hui, un appel à l'intelligence collective, à la sagesse et à la responsabilité de chacun, un appel à l'humanisme numérique.

CHAPITRE 2

*Au-delà des Outils, des Responsabilités : Humains et
IA, un Avenir Collaboratif et Réglementé*

L'IA est-elle une promesse d'un futur meilleur, ou une menace pour notre humanité ? La réponse dépendra de notre capacité à maîtriser cette technologie et à l'orienter vers le bien commun. Ce chapitre explore le potentiel de la symbiose humain-IA, mais aussi les risques de dérives si nous ne plaçons pas l'éthique et la régulation au cœur de notre démarche. Il est temps de passer d'une vision naïve de l'IA à une approche responsable et éclairée, où la protection des valeurs humaines et des droits fondamentaux est une priorité absolue. L'avenir de l'humanité se joue en partie dans notre capacité à construire une IA au service de tous, et non de quelques-uns.

I. La Symbiose Humain-IA : L'Aube d'une nouvelle Ère de collaboration et de défis

Alors que notre exploration de l'IA et de l'humanité se poursuit, il est crucial de reconnaître que la relation entre les humains et les machines évolue vers quelque chose de plus profond, de plus complexe et de plus symbiotique que jamais auparavant. Cette évolution ne concerne pas seulement les progrès technologiques ; elle touche à la manière dont nous, en tant qu'espèce, apprenons à coexister avec les machines intelligentes, à nous adapter à elles, et même à les intégrer dans notre quotidien. Nous entrons dans une ère où les humains et l'IA peuvent collaborer de manière à amplifier mutuellement leurs forces, créant une relation symbiotique qui a le potentiel de redéfinir ce que signifie être humain.

A. L'Histoire de la Communication Homme-Machine

La communication entre l'humain et la machine a connu une évolution remarquable, se transformant au fil du temps pour devenir toujours plus intuitive et ouvrant des perspectives fascinantes pour l'avenir.

Avant : L'Ère des Instructions Complexes

À l'aube de l'informatique, la communication avec les machines était un exercice de haute voltige, réservé à une élite de spécialistes. Les langages de programmation, complexes et cryptiques, exigeaient une maîtrise pointue des algorithmes et des architectures. Les instructions étaient codées, perforées sur des cartes ou entrées manuellement, une tâche fastidieuse et sujette à l'erreur. L'interaction était lente, laborieuse et nécessitait une connaissance approfondie du fonctionnement interne des machines. Les utilisateurs étaient des "programmeurs", des traducteurs entre le langage humain et le langage machine. Cette époque était caractérisée par une forte asymétrie : l'humain devait s'adapter au langage de la machine.

Maintenant : La Démocratisation de l'Interaction

Puis vint l'ère des interfaces graphiques, une révolution qui a démocratisé l'accès aux ordinateurs. La souris, le clavier et l'écran ont permis une interaction plus intuitive, basée sur des icônes et des menus. Le langage naturel a ensuite fait son apparition, avec les assistants virtuels capables de comprendre et de répondre à des commandes vocales. Cette transition progressive vers la simplicité a rendu les machines accessibles à un public plus large, transformant notre rapport à la technologie. L'interaction est devenue plus directe, plus conviviale. L'asymétrie s'est réduite : la machine a commencé à s'adapter, dans une certaine mesure, au langage humain. Cependant, les limitations persistent : le langage naturel reste ambigu, et les interfaces classiques peuvent être contraignantes pour certaines tâches.

Futur : Vers une Communication Intuitive et Profonde

Aujourd'hui, nous sommes à l'aube d'une nouvelle révolution, celle des interfaces cerveau-machine (ICM). Ces interfaces, qui établissent une connexion directe entre le cerveau humain et l'ordinateur, promettent de dépasser les limitations du langage et des interfaces classiques. Imaginez contrôler un ordinateur par la pensée, ou communiquer avec une IA sans avoir à prononcer un mot. Les ICM, bien qu'encore en développement, ouvrent des perspectives fascinantes, allant de la restauration de fonctions motrices perdues à l'augmentation de nos capacités cognitives. Les travaux de Miguel Nicolelis et d'autres chercheurs ont démontré la faisabilité de contrôler des prothèses robotiques ou de décoder certaines intentions à partir de l'activité cérébrale. Cependant, le chemin vers une communication homme-machine véritablement fluide et intuitive est semé d'embûches. Les défis techniques, éthiques et sociétaux sont considérables. La précision et la fiabilité des ICM doivent être améliorées, les questions de vie privée et de consentement doivent être prises au sérieux, et l'accès à ces technologies doit être équitable. Malgré ces obstacles, la recherche progresse à un rythme soutenu, laissant entrevoir un futur où la communication entre l'humain et la machine sera transformée, ouvrant la voie à une collaboration plus profonde, à de nouvelles formes d'augmentation des capacités humaines, et peut-être même, à une redéfinition de ce que signifie être humain à l'ère des machines intelligentes. La frontière entre l'esprit humain et la machine pourrait s'estomper, ouvrant la voie à une symbiose où la communication devient une véritable fusion.

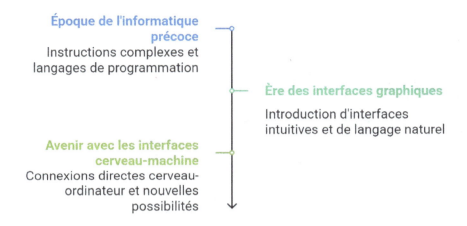

Évolution de la communication homme-machine

Époque de l'informatique précoce
Instructions complexes et langages de programmation

Ère des interfaces graphiques
Introduction d'interfaces intuitives et de langage naturel

Avenir avec les interfaces cerveau-machine
Connexions directes cerveau-ordinateur et nouvelles possibilités

B. Augmenter les Capacités Humaines : Des Outils aux Partenaires

Tout au long de l'histoire, les humains ont compté sur des outils pour étendre leurs capacités physiques et mentales. L'invention de la roue nous a permis de transporter des marchandises plus efficacement. L'imprimerie a démocratisé le savoir. Internet a connecté le monde d'une manière inimaginable auparavant. Chacune de ces innovations a élargi notre portée, mais il s'agissait fondamentalement d'outils passifs, des extensions de notre volonté, nécessitant une intervention humaine pour fonctionner.

L'IA, cependant, représente un passage d'outils passifs à des partenaires actifs. Contrairement aux technologies traditionnelles, les systèmes d'IA peuvent apprendre, s'adapter et prendre des décisions de manière autonome dans leurs domaines désignés. Cela ne signifie pas qu'ils remplacent l'action humaine ; au contraire, ils l'augmentent. Ils nous permettent de dépasser nos limites naturelles, nous donnant la possibilité de nous attaquer à des problèmes autrefois considérés comme insurmontables.

Examinons quelques exemples de la manière dont l'IA augmente déjà les capacités humaines :

- **Améliorer la Créativité : L'IA comme Muse**

Si l'IA manque de la spontanéité et de l'originalité de la créativité humaine, elle peut servir de collaborateur puissant dans le processus créatif. Par exemple, des musiciens utilisent l'IA pour générer de nouvelles mélodies ou harmonies, qu'ils affinent et développent ensuite. Des artistes visuels exploitent l'IA pour créer de superbes œuvres d'art numériques, mêlant des motifs générés par des machines à l'intuition humaine. Des écrivains, eux aussi, expérimentent avec des outils basés sur l'IA qui suggèrent des rebondissements d'intrigue, des arcs de personnages, voire des paragraphes entiers. Dans ces cas, l'IA agit comme une muse, une source d'inspiration qui suscite de nouvelles idées sans dicter le résultat final.

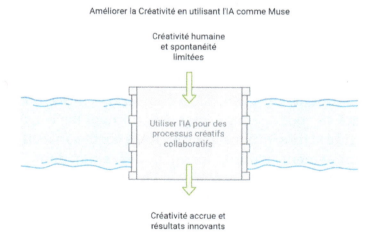

Améliorer la Créativité en utilisant l'IA comme Muse

Créativité humaine et spontanéité limitées

Utiliser l'IA pour des processus créatifs collaboratifs

Créativité accrue et résultats innovants

- **Amplifier la Découverte Scientifique : L'IA comme Accélérateur**

La recherche scientifique implique souvent de passer au crible de vastes quantités de données pour identifier des schémas ou des anomalies. Ce processus peut être long et sujet à des erreurs humaines. L'IA accélère ce travail en analysant des ensembles de données beaucoup plus rapidement que n'importe quel humain ne le pourrait. Dans des domaines tels que la génomique, la climatologie et la physique des particules, l'IA aide les chercheurs à découvrir des informations qui auraient pris des décennies, voire plus, à découvrir par eux-mêmes. Par exemple, des modèles d'IA ont été utilisés pour prédire les structures des protéines, une percée qui pourrait révolutionner la découverte de médicaments et le traitement des maladies.

- **Favoriser l'Accessibilité : L'IA comme Outil d'Autonomisation**

L'une des applications les plus encourageantes de l'IA est sa capacité à autonomiser les personnes handicapées. Les algorithmes de synthèse vocale permettent aux personnes malentendantes de communiquer plus facilement. Les logiciels de reconnaissance d'images aident les personnes malvoyantes à "voir" le monde qui les entoure en décrivant les objets, les visages et les scènes. Les membres prothétiques équipés d'IA peuvent répondre aux signaux neuronaux, offrant aux personnes amputées une plus grande mobilité et indépendance. Ces innovations n'améliorent pas seulement la qualité de vie, elles restaurent la dignité et l'autonomie de ceux qui pourraient autrement être marginalisés.

• Soutenir la Santé Mentale : L'IA comme Support

La santé mentale est un autre domaine où l'IA fait des progrès considérables. Les chatbots et les thérapeutes virtuels, alimentés par le traitement du langage naturel, fournissent un soutien immédiat aux personnes souffrant d'anxiété, de dépression ou de solitude. Bien que ces systèmes ne remplacent pas l'interaction humaine, ils offrent une bouée de sauvetage aux personnes qui n'ont peut-être pas accès à des soins professionnels. De plus, l'IA peut analyser les publications sur les réseaux sociaux ou les enregistrements vocaux pour détecter les signes précoces de détresse mentale, ce qui permet des interventions rapides.

L'IA dans le soutien à la santé mentale

Avantages VS **Inconvénients**

Soutien immédiat

Soins accessibles

Détection précoce

Non-remplacement de l'interaction humaine

Manque de contact humain

Diagnostic erroné potentiel

Préoccupations en matière de confidentialité

Dépendance à la technologie

C. Les Défis de la Collaboration : Vers une Symbiose Équilibrée

Si la collaboration entre humains et IA offre un potentiel immense, elle n'est pas sans défis. Il est crucial de reconnaître que cette symbiose doit être construite avec prudence et clairvoyance, en tenant compte des risques potentiels et en mettant en place les mécanismes nécessaires pour les atténuer.

- **Automatisation et Déplacement d'Emplois** : Si l'IA peut augmenter nos capacités, elle peut aussi automatiser certaines tâches, entraînant potentiellement des pertes d'emplois dans certains secteurs. Il est essentiel de se préparer à cette réalité et d'anticiper les besoins de requalification de la main-d'œuvre.

- **La nécessité de nouvelles compétences** : L'essor de l'IA ne signifie pas la fin du travail, mais plutôt une transformation profonde de celui-ci. Les travailleurs de demain devront posséder des compétences complémentaires à l'IA, telles que la pensée critique, la créativité, l'intelligence émotionnelle et la capacité d'adaptation. Investir dans l'éducation et la formation continue est donc primordial.

- **Risque de Dépendance et Déqualification** : Une utilisation excessive de l'IA pourrait entraîner une dépendance technologique et une perte de certaines compétences humaines. Il est important de trouver un équilibre entre l'utilisation de l'IA et le maintien de nos propres capacités.

- **Questions Éthiques** : L'IA soulève des questions éthiques complexes, notamment en matière de biais algorithmiques, de protection de la vie privée et de responsabilité. Il est impératif de développer une IA éthique et transparente, au service de l'humanité.

D. Vers un Avenir Collaboratif et Réglementé

La symbiose humain-IA est une réalité en marche, porteuse de promesses extraordinaires. Pour que cette collaboration soit bénéfique pour tous, il est essentiel de développer une approche responsable et éclairée, en tenant compte des défis et des risques potentiels. Cela passe par :

- **Investissement dans l'éducation et la formation** : Préparer les travailleurs aux emplois de demain.

- **Développement d'une IA éthique et transparente** : Garantir l'équité et la justice.

- **Mise en place de réglementations adaptées** : Encadrer

l'utilisation de l'IA pour protéger les droits humains.

- **Dialogue et collaboration** : Impliquer tous les acteurs de la société dans la réflexion sur l'avenir de l'IA.

Façonner un Futur Équitable avec l'IA et la Collaboration humaine

La relation entre l'humain et l'IA est en constante évolution. Il est de notre responsabilité collective de façonner cette relation de manière à ce qu'elle soit au service de l'humanité, et non l'inverse.

La transformation du travail par l'IA soulève des questions profondes. Comment garantir que cette transformation soit juste et équitable pour tous ? Le prochain chapitre explorera en détail l'impact de l'IA sur le monde du travail et les défis qui nous attendent.

E. Redéfinir le Travail : L'Ère de la Collaboration Humain-Machine, un Enjeu de Société

L'intelligence artificielle (IA) transforme en profondeur le monde du travail, un phénomène amorcé par l'automatisation et qui s'accélère à un rythme sans précédent. Comme nous l'avons vu au chapitre précédent, la collaboration entre humains et IA offre un potentiel immense, mais elle s'accompagne de défis majeurs, notamment en ce qui concerne l'avenir de l'emploi. Ce chapitre explore l'impact de l'IA sur le monde du travail, les questions cruciales qu'elle soulève, et les stratégies à mettre en œuvre pour garantir une transition juste et équitable pour tous.

L'Ascension du "Travailleur Augmenté" : Un Partenariat Prometteur, mais Complexe

Le concept de "travailleur augmenté", que nous avons abordé précédemment, illustre bien la transformation en cours. L'IA, loin de remplacer systématiquement les humains, automatise certaines tâches, libérant les travailleurs pour des activités plus créatives, stratégiques et centrées sur l'humain. Cependant, cette transition n'est pas sans heurts. Si l'IA offre des opportunités, elle crée aussi des défis qu'il est impératif d'anticiper.

Prenons l'exemple du secteur de la vente au détail. L'IA peut analyser les données de vente, personnaliser les recommandations pour les clients et gérer les stocks avec une efficacité accrue. Cela permet aux vendeurs de se concentrer sur le conseil personnalisé, la création d'une expérience client positive et la résolution de problèmes complexes. Cependant, cela signifie également que certaines tâches, autrefois effectuées par des caissiers ou des employés de rayon, sont désormais automatisées, ce qui peut entraîner des suppressions d'emplois dans certains segments du secteur. Ce type de transformation se retrouve dans de nombreux domaines, de la logistique à l'administration, soulignant l'ampleur des changements à venir.

Les Défis de la Transformation du Travail : Automatisation, Compétences et Inégalités

L'impact de l'IA sur le marché du travail est multiple et complexe :

- **Automatisation et Mutations de l'Emploi :** L'automatisation, bien qu'elle puisse accroître la productivité et créer de nouvelles opportunités, entraîne inévitablement des mutations profondes dans les emplois. Certains métiers disparaissent, d'autres se transforment, et de nouveaux métiers émergent, souvent autour du développement, de la maintenance et de l'éthique des systèmes d'IA. Il est crucial d'anticiper ces mutations et de mettre en place des politiques d'accompagnement pour les travailleurs affectés, afin de faciliter leur transition vers de nouveaux rôles.

- **La Question des Compétences :** La transformation du travail exige une adaptation constante des compétences. Les travailleurs doivent développer des compétences qui complètent l'IA, telles que la pensée critique, la créativité, l'intelligence émotionnelle, la résolution de problèmes complexes et la capacité d'apprentissage tout au long de la vie. Investir dans la formation et la requalification est une priorité absolue. Il ne s'agit pas seulement d'acquérir des compétences techniques, mais aussi de développer des compétences "humaines" qui seront de plus en plus valorisées.

- **Le Risque d'Accroissement des Inégalités :** Si elle n'est pas gérée avec soin, la transformation du travail risque d'exacerber les inégalités existantes. Les travailleurs les plus qualifiés et les entreprises les plus innovantes pourraient tirer parti de l'IA, tandis que les travailleurs moins qualifiés et les petites entreprises pourraient être laissés pour compte. Il est essentiel de mettre en place des mécanismes de solidarité et de redistribution pour garantir une transition juste et équitable. Cela pourrait passer par des politiques fiscales adaptées, des dispositifs de soutien aux revenus ou encore des mesures favorisant l'accès à la formation pour tous.

Vers un Avenir du Travail Plus Humain et Inclusif : Le Rôle des Politiques Publiques

Pour relever ces défis, une approche globale et coordonnée est nécessaire, impliquant les gouvernements, les entreprises, les organisations syndicales et la société civile. Voici quelques pistes à explorer :

- **Investissement massif dans l'éducation et la formation** : Développer les compétences du futur, en mettant l'accent sur les STEM, la pensée critique et la créativité. Il est important de commencer dès le plus jeune âge et de proposer des formations tout au long de la vie, pour permettre aux travailleurs de se requalifier et de s'adapter aux évolutions du marché du travail.

- **Politiques de soutien à la reconversion professionnelle** : Aider les travailleurs affectés par l'automatisation à acquérir de nouvelles compétences et à trouver de nouveaux emplois. Cela peut passer par des programmes de formation financés par l'État, des aides à la mobilité ou encore des dispositifs de transition professionnelle. Il est essentiel d'offrir un accompagnement personnalisé aux travailleurs, en tenant compte de leurs besoins et de leurs expériences.

- **Réflexion sur le revenu de base universel** : Explorer la possibilité d'un revenu de base pour garantir une sécurité financière à tous, à l'ère de l'automatisation. Le RBU est une mesure controversée, mais elle mérite d'être étudiée attentivement, car elle pourrait être une réponse partielle aux défis posés par l'automatisation.

- **Encadrement éthique et juridique de l'IA** : Mettre en place des règles claires pour garantir une utilisation responsable de l'IA et protéger les droits des travailleurs. Cela passe par la définition de normes éthiques pour le développement et l'utilisation de l'IA, ainsi que par la création de mécanismes de contrôle et de sanctions en cas de non-respect de ces normes.

- **Dialogue social et concertation** : Impliquer tous les acteurs de la société dans la réflexion sur l'avenir du travail et la mise en place de solutions adaptées. Il est essentiel de créer un espace de dialogue où les travailleurs, les entreprises, les gouvernements et la société civile peuvent échanger leurs points de vue et construire ensemble un avenir du travail plus humain et inclusif.

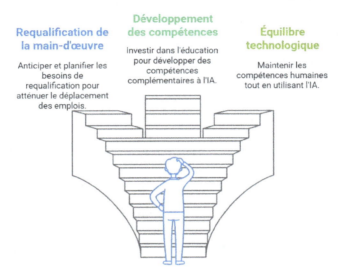

Comment relever les défis de la collaboration humain-IA ?

Requalification de la main-d'œuvre

Anticiper et planifier les besoins de requalification pour atténuer le déplacement des emplois.

Développement des compétences

Investir dans l'éducation pour développer des compétences complémentaires à l'IA.

Équilibre technologique

Maintenir les compétences humaines tout en utilisant l'IA.

L'avenir du travail est une responsabilité collective. Il est de notre devoir de construire un monde où la technologie est au service de l'humain, et non l'inverse, un monde où chacun peut trouver sa place et contribuer à la société.

La transformation du travail par l'IA soulève des questions éthiques fondamentales. Comment garantir que l'IA est utilisée de manière responsable et respectueuse des valeurs humaines ? Le prochain chapitre se penchera sur ces impératifs éthiques et sur la nécessité d'un cadre juridique solide pour encadrer le développement et l'utilisation de l'IA.

F. L'Impératif Éthique : Concevoir une IA au Service de l'Humanité – Un Enjeu de Civilisation

L'intelligence artificielle (IA) s'immisce toujours plus

profondément dans nos vies, transformant nos interactions, nos décisions et notre rapport au monde. Comme nous l'avons vu précédemment, l'IA offre un potentiel immense pour améliorer notre quotidien, mais son développement et son utilisation soulèvent des questions éthiques fondamentales. Ce chapitre explore ces impératifs éthiques, en soulignant la nécessité d'une approche proactive et responsable pour concevoir une IA au service de l'humanité. Il ne s'agit pas seulement de prévenir les dérives, mais de construire un avenir où l'IA est un outil au service du bien commun, un enjeu de civilisation pour notre époque.

Équité : Combattre les Biais et la Discrimination – Un Impératif de Justice et de Dignité

Les biais dans l'IA sont un problème majeur qui menace l'équité et la justice. Ils découlent souvent de données d'apprentissage incomplètes, biaisées ou non représentatives, d'algorithmes imparfaits, ou encore de préjugés inconscients chez les développeurs. Lorsqu'ils ne sont pas corrigés, ces biais peuvent perpétuer et amplifier les discriminations existantes, avec des conséquences graves dans de nombreux domaines :

- **Justice Pénale :** Des systèmes de reconnaissance faciale biaisés peuvent conduire à des erreurs d'identification et à des arrestations injustes, en particulier pour les personnes issues de minorités. Des algorithmes utilisés pour évaluer le risque de récidive peuvent également reproduire des préjugés raciaux ou sociaux.

- **Emploi :** Des outils de recrutement basés sur l'IA peuvent discriminer certains candidats en raison de leur genre, de leur origine ethnique ou de leur âge. Des algorithmes de gestion du personnel peuvent également perpétuer des inégalités salariales.

- **Santé :** Des systèmes d'aide à la décision médicale peuvent être moins performants pour certaines populations, en raison d'un manque de données ou de biais dans les algorithmes.

- **Services Publics :** Des algorithmes utilisés pour attribuer des aides sociales ou des logements peuvent discriminer certaines catégories de personnes.

Ces exemples, malheureusement trop nombreux, illustrent l'urgence d'agir pour combattre les biais dans l'IA. Cela passe par :

- **Diversification des données d'apprentissage :** Utiliser des données représentatives de la population, en tenant compte de la diversité des genres, des origines ethniques, des âges, etc.

- **Conception d'algorithmes équitables :** Développer des algorithmes qui ne reproduisent pas les biais existants et qui sont testés rigoureusement pour détecter d'éventuelles discriminations.

- **Implication des parties prenantes :** Associer des personnes issues de groupes sous-représentés au processus de conception et d'évaluation des systèmes d'IA.

- **Transparence et explicabilité :** Rendre les algorithmes plus transparents et explicables, afin de comprendre comment ils prennent des décisions et de détecter d'éventuels biais.

G. Transparence : Bâtir la Confiance par l'Ouverture – Un Devoir Démocratique

La confiance est essentielle pour une relation saine entre les humains et l'IA. Or, de nombreux systèmes d'IA fonctionnent comme des "boîtes noires", leurs mécanismes internes étant opaques et incompréhensibles. Ce manque de transparence mine la confiance et rend difficile la contestation des décisions injustes ou erronées. La transparence est un devoir démocratique, car elle permet aux citoyens de comprendre et de contrôler l'impact de l'IA sur leur vie.

Pour instaurer la confiance, il est impératif de :

- **Publier la documentation sur les algorithmes :** Rendre accessible au public des informations détaillées sur le fonctionnement des algorithmes, les données utilisées pour leur apprentissage et les critères pris en compte pour prendre des décisions.

- **Partager les données d'apprentissage :** Lorsque cela est possible et respectueux de la vie privée, partager les données utilisées pour entraîner les systèmes d'IA, afin de permettre à la communauté scientifique et au public de les analyser et de détecter d'éventuels biais.

- **Développer des outils d'explicabilité :** Créer des outils qui permettent de comprendre comment et pourquoi un système d'IA a pris une décision particulière. Cela peut passer par la visualisation des données, l'identification des facteurs les plus influents ou encore la génération d'explications en langage naturel.

- **Organiser des débats publics :** Encourager le dialogue entre les experts, les décideurs politiques et le public sur les enjeux éthiques et sociaux de l'IA.

H. Responsabilité : Assigner les Responsabilités – Un Principe de Justice Fondamental

Lorsque des systèmes d'IA causent des dommages, il est essentiel de déterminer qui est responsable. Est-ce le développeur qui a écrit le code ? L'entreprise qui a déployé le système ? L'utilisateur qui s'est fié à son résultat ? Clarifier les responsabilités est un principe de justice fondamental et une condition nécessaire pour prévenir les abus. L'IA ne doit pas être une zone de non-droit.

La question de la responsabilité est complexe, car les systèmes d'IA peuvent avoir différents degrés d'autonomie. Il est donc nécessaire de :

- **Définir des cadres juridiques adaptés :** Établir des

règles claires pour déterminer la responsabilité en fonction du degré d'autonomie de l'IA et du type de dommage causé.

- **Mettre en place des mécanismes de recours :** Permettre aux victimes de dommages causés par l'IA d'obtenir réparation.

- **Former les professionnels :** Sensibiliser les développeurs, les entreprises et les utilisateurs aux enjeux de responsabilité liés à l'IA.

I. Au-delà des Règles : Cultiver une Culture Éthique – Un Engagement Collectif et Continu

Si les règles et les réglementations sont indispensables, elles ne suffisent pas à elles seules à garantir une IA éthique. Il est tout aussi important de cultiver une culture éthique au sein des entreprises, des institutions de recherche et de la société dans son ensemble. Cela passe par :

- **Éducation et sensibilisation :** Informer le public sur les enjeux éthiques de l'IA et encourager la réflexion critique.

- **Formation des développeurs :** Intégrer l'éthique dans la formation des ingénieurs et des développeurs d'IA.

- **Dialogue et concertation :** Créer des espaces de dialogue où les experts, les décideurs politiques, les entreprises et la société civile peuvent échanger leurs points de vue et construire ensemble un avenir de l'IA éthique et responsable.

L'IA est un outil puissant, mais comme tout outil, il peut être utilisé pour le bien ou pour le mal. Il est de notre responsabilité collective de veiller à ce qu'il soit utilisé pour le bien, au service de l'humanité. Cela exige un engagement constant en faveur de l'équité, de la transparence, de la responsabilité et du respect de la dignité humaine. L'avenir de l'IA dépend de notre capacité à relever ce défi éthique avec sagesse et détermination. Il est temps de passer de la réflexion à l'action, et de construire ensemble un monde où l'IA est une force positive pour l'humanité. Un monde où l'intelligence artificielle est au service de l'intelligence humaine.

CHAPITRE 3

L'IA au-delà de la Technique : Enjeux de Société et Défis Démocratiques

L'intelligence artificielle (IA) est bien plus qu'une simple avancée technologique. Elle est en train de redéfinir notre monde, transformant nos interactions sociales, nos modes de travail, nos systèmes de prise de décision et jusqu'à notre rapport à la connaissance. Si le chapitre précédent a exploré le potentiel de la symbiose humain-IA, les défis éthiques et la nécessité d'une régulation responsable, il est crucial d'aller au-delà des considérations techniques et individuelles pour appréhender l'impact profond de l'IA sur notre société et notre démocratie.

Ce chapitre se propose d'explorer les enjeux de société et les défis démocratiques posés par l'IA. Il ne s'agit plus seulement de s'interroger sur la manière de rendre l'IA plus équitable, transparente ou responsable, mais de comprendre comment elle remodèle les rapports de pouvoir, transforme nos modèles sociaux et met à l'épreuve nos institutions démocratiques.

L'IA est-elle une force de progrès ou un facteur de division ? Comment préserver nos libertés et nos droits fondamentaux face à la puissance de cette technologie ? Comment garantir que les décisions algorithmiques ne se substituent pas à la volonté citoyenne ? Telles sont quelques-unes des questions urgentes auxquelles nous devons répondre.

Ce chapitre se veut une contribution à cette réflexion essentielle. Il abordera les enjeux liés à la concentration du pouvoir entre les mains de quelques acteurs, à l'influence croissante des algorithmes sur nos vies, aux transformations du travail et aux risques de polarisation sociale. Il explorera également les défis posés à notre démocratie par la désinformation et la manipulation, ainsi que les pistes pour une participation citoyenne renforcée et une gouvernance démocratique de l'IA.

Il est impératif de prendre conscience que l'IA n'est pas une simple affaire de spécialistes ou de techniciens. C'est un enjeu de société majeur, qui nous concerne tous. L'avenir de notre démocratie et de notre vivre-ensemble dépendra de notre capacité collective à appréhender ces enjeux, à nous les approprier et à agir pour construire un monde où l'IA est au service de l'humain et du bien commun.

I. L'IA et le Pouvoir : Qui Décide ?

A. Centralisation et Concentration : Un Oligopole Technologique ?

L'intelligence artificielle (IA) est en train de devenir un enjeu de pouvoir majeur, comparable à l'énergie ou à l'information au siècle dernier. Or, le développement et le déploiement de cette technologie révolutionnaire sont aujourd'hui concentrés entre les mains d'un nombre extrêmement restreint d'acteurs. Il s'agit, pour l'essentiel, de quelques géants du numérique (Google, Amazon, Microsoft, Facebook, Apple, etc.) et de certains États puissants (les États-Unis et la Chine en tête). Cette concentration inédite du pouvoir dans le domaine de l'IA soulève des questions fondamentales quant à l'avenir de notre société, de notre économie et de notre démocratie.

Plusieurs facteurs expliquent cette situation. Le développement de l'IA requiert des investissements massifs en recherche et développement, souvent de plusieurs milliards de dollars. Seules les entreprises les plus riches et les États les plus puissants peuvent se permettre de tels investissements. De plus, l'IA a besoin de grandes quantités de données pour fonctionner efficacement. Les entreprises qui possèdent déjà d'immenses bases de données (grâce à leurs activités en ligne, leurs réseaux sociaux, leurs services de commerce électronique, etc.) bénéficient d'un avantage compétitif considérable. Enfin, la course à l'IA est devenue un enjeu stratégique pour les États, qui y voient un moyen de renforcer leur puissance économique, militaire et politique. Les États qui investissent massivement dans l'IA (comme les États-Unis ou la Chine) sont susceptibles de prendre une avance décisive sur les autres nations, créant ainsi une nouvelle forme de domination.

Cette concentration du pouvoir dans le domaine de l'IA engendre plusieurs risques majeurs :

- **Risque de domination du marché :** Les entreprises qui contrôlent l'IA peuvent imposer leurs normes, leurs produits et leurs services sur le marché, étouffant la concurrence et limitant le choix des consommateurs. Elles peuvent également utiliser leur position dominante pour acquérir d'autres entreprises et renforcer leur monopole, créant ainsi un véritable oligopole technologique.

- **Risque de contrôle de l'information :** Les algorithmes d'IA sont de plus en plus utilisés pour sélectionner et diffuser l'information en ligne (moteurs de recherche, réseaux sociaux, plateformes d'actualités, etc.). Les acteurs qui contrôlent ces algorithmes peuvent influencer l'opinion publique, manipuler l'information et censurer certains contenus, menaçant ainsi la liberté d'expression et le pluralisme des idées.

- **Risque d'influence politique :** Les entreprises et

les États qui maîtrisent l'IA peuvent utiliser cette technologie pour influencer les décisions politiques, que ce soit par la manipulation de l'opinion publique, la surveillance des citoyens ou le développement d'armes autonomes. Ils peuvent également utiliser leur pouvoir économique pour faire pression sur les gouvernements et obtenir des réglementations favorables à leurs intérêts.

- **Risque d'atteinte à la vie privée :** La collecte massive de données personnelles par les entreprises et les États soulève de graves questions de protection de la vie privée. Ces données peuvent être utilisées pour profiler les individus, prédire leurs comportements et les manipuler à leur insu. La surveillance généralisée rendue possible par l'IA menace nos libertés individuelles et nos droits fondamentaux.

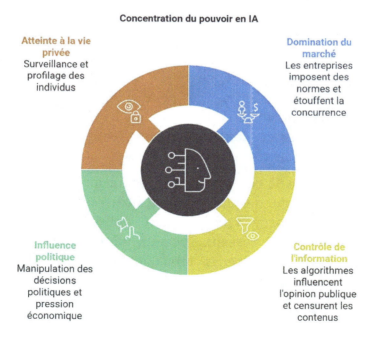

Ces risques sont d'autant plus préoccupants que les décisions concernant l'IA sont souvent prises de manière opaque, sans débat public ni contrôle démocratique. Les citoyens sont souvent exclus des discussions sur les enjeux liés à l'IA, alors que ce sont eux qui en subiront les conséquences. Il est donc essentiel de mettre en place des mécanismes pour encadrer le développement et le déploiement de l'IA, afin de garantir que cette technologie soit au service de l'ensemble de la société et non seulement de quelques privilégiés. Cela passe par une plus grande transparence des algorithmes, un contrôle démocratique de leur fonctionnement et une participation citoyenne renforcée.

Dans les sections suivantes, nous explorerons d'autres enjeux liés à l'IA et au pouvoir, tels que l'influence des algorithmes sur nos vies, les questions de responsabilité et les défis posés à notre démocratie.

B. Algorithmes et Décisions : Le Pouvoir Invisible

Au cœur de la révolution de l'intelligence artificielle se trouvent les algorithmes. Ces suites d'instructions complexes, capables d'apprendre et de s'adapter, sont devenues les architectes invisibles de notre quotidien. Bien plus que de simples outils, ils façonnent nos expériences, influencent nos choix et, dans certains cas, déterminent notre avenir. Des recommandations de produits sur Amazon aux fils d'actualité de Facebook, en passant par les décisions d'octroi de crédit ou les diagnostics médicaux, les algorithmes sont omniprésents. Ils sont devenus le nouveau visage du pouvoir, un pouvoir souvent insaisissable et difficile à contester.

L'omniprésence des algorithmes dans nos vies est source de préoccupations croissantes. Leur influence s'étend bien au-delà des simples suggestions ou des classements de résultats de recherche. Ils sont devenus des acteurs à part entière, capables de prendre des décisions aux conséquences significatives, parfois irréversibles. Prenons l'exemple des plateformes de recrutement qui utilisent l'IA pour présélectionner les candidats. Un algorithme mal conçu, reproduisant des biais existants, peut exclure des groupes entiers de la population de l'accès à l'emploi, perpétuant ainsi les inégalités sociales. De même, les systèmes de notation de crédit basés sur l'IA peuvent discriminer certaines communautés, leur refusant l'accès au financement et limitant leurs opportunités économiques.

L'un des problèmes majeurs réside dans le manque de transparence de ces systèmes. La plupart des algorithmes fonctionnent comme des "boîtes noires" : nous voyons le résultat (une recommandation, une décision), mais nous ignorons le processus qui y a conduit. Cette opacité rend difficile la compréhension des critères utilisés, des données prises en compte et des éventuels biais intégrés. Comment contester une décision algorithmique si l'on ignore les raisons qui la sous-tendent ? Comment s'assurer que ces systèmes sont justes et équitables si l'on ne peut pas les examiner ?

Défis de la prise de décision algorithmique

L'influence des algorithmes ne se limite pas aux décisions individuelles. Ils jouent également un rôle croissant dans la formation de l'opinion publique et le fonctionnement de notre démocratie. Les réseaux sociaux, par exemple, utilisent des algorithmes pour personnaliser les fils d'actualité de leurs utilisateurs, créant des "bulles informationnelles" où chacun est conforté dans ses propres convictions, sans être exposé à la diversité des points de vue. Cette fragmentation de l'espace public peutPolarisation de la société et renforcer les divisions idéologiques.

Par ailleurs, la prolifération de *deepfakes* et d'autres formes de manipulation de l'information rend de plus en plus difficile la distinction entre le vrai et le faux, menaçant ainsi la crédibilité de l'information et le débat public. Les algorithmes peuvent être utilisés pour diffuser massivement de fausses nouvelles, amplifier la désinformation et manipuler l'opinion publique à des fins politiques ou commerciales.

Face à ces défis, il est impératif d'agir. Il est nécessaire de promouvoir une plus grande transparence des algorithmes, en exigeant des entreprises qu'elles rendent publics les critères utilisés et les données prises en compte. Il est également essentiel de mettre en place des mécanismes de contrôle démocratique, afin que les citoyens puissent avoir leur mot à dire sur l'utilisation des algorithmes et les décisions qui les concernent. Enfin, il est crucial de renforcer l'éducation aux médias et à l'information, afin de donner aux citoyens les outils nécessaires pour décrypter l'information en ligne et résister à la manipulation.

C. IA et Armement : La Guerre du Futur, un Abîme Éthique ?

L'intelligence artificielle (IA) n'est pas seulement une force transformatrice dans le domaine civil. Elle est également au cœur d'une révolution silencieuse, mais potentiellement dévastatrice, dans le monde militaire. Le développement d'armes autonomes, ou "systèmes d'armes létales autonomes" (SALA), communément appelées "robots tueurs," représente un saut technologique aux implications éthiques et stratégiques abyssales, ouvrant la porte à une nouvelle ère de conflits dont nous peinons encore à mesurer l'étendue.

Ces armes, encore en développement pour la plupart, se distinguent des drones télécommandés actuels. Elles sont conçues pour opérer de manière autonome sur le champ de bataille, capables de prendre des décisions létales sans intervention humaine directe. Grâce à des algorithmes d'IA sophistiqués, elles pourraient identifier et cibler des "ennemis" de manière indépendante, théoriquement plus rapidement et plus efficacement que les soldats humains. Cependant, cette autonomie mortelle soulève des questions fondamentales qui mettent en péril les fondements mêmes du droit humanitaire et de notre conception de la guerre.

Les Dilemmes Éthiques : Au-delà de la Machine à Tuer

Le développement des SALA pose des dilemmes éthiques sans précédent :

- **Responsabilité diluée :** Comment attribuer la responsabilité d'un meurtre commis par une machine ? L'algorithme peut-il être tenu pour responsable ? Le développeur ? Le commandant militaire qui a déployé l'arme ? La chaîne de commandement s'effrite, laissant un vide juridique et moral béant.

- **Dignité humaine bafouée :** Les armes autonomes peuvent-elles réellement distinguer entre civils et combattants, comme l'exige le droit humanitaire ? Comment garantir le respect des principes de proportionnalité et de nécessité militaire dans des décisions prises par des algorithmes ? La délégation de décisions de vie ou de mort à des machines soulève des questions profondes sur la dignité humaine et la valeur de la vie.

- **Conscience morale absente :** Une machine, aussi sophistiquée soit-elle, ne possède pas de conscience morale. Elle ne peut pas comprendre le contexte émotionnel d'une situation, ni faire preuve d'empathie ou de jugement moral. Confier des décisions létales à des algorithmes revient à abdiquer notre propre humanité.

Les Impératifs Stratégiques : Une Pente Glissante ?

Outre les considérations éthiques, le développement des SALA présente des risques stratégiques majeurs :

- **Prolifération incontrôlable :** Ces armes, relativement peu coûteuses et faciles à produire, pourraient se propager rapidement, tombant entre les mains d'États voyous, de groupes terroristes ou de milices privées. Une telle prolifération déstabiliserait les équilibres stratégiques et augmenterait considérablement le risque de conflits.

- **Course à l'armement IA :** La perspective d'une "course à l'armement IA" est réelle. Les États sont incités à développer leurs propres SALA pour ne pas être laissés pour compte, créant une dynamique de compétition dangereuse et potentiellement incontrôlable.

- **Escalade des conflits :** La rapidité et l'efficacité des armes autonomes pourraient abaisser le seuil de déclenchement des conflits. Des décisions prises en quelques millisecondes par des machines pourraient conduire à une escalade incontrôlable, avec des conséquences désastreuses pour les populations civiles.

- **Perte de contrôle humain :** Le développement de systèmes d'armes de plus en plus autonomes pourrait conduire à une perte progressive de contrôle humain sur les conflits armés. Les décisions de guerre pourraient être déléguées à des machines, sans que les responsables politiques ou militaires n'aient plus leur mot à dire.

L'Urgence d'Agir : Pour un Futur sans Robots Tueurs

Face à ces périls, il est urgent d'agir collectivement. Plusieurs pistes doivent être explorées :

- **Réglementation internationale contraignante :** L'adoption d'un traité international interdisant le développement, la production et l'utilisation des SALA est une priorité absolue. Seule une interdiction globale et juridiquement contraignante peut prévenir la prolifération de ces armes et éviter une nouvelle course à l'armement.

- **Maintien du contrôle humain :** Il est essentiel de garantir que les décisions létales restent toujours sous contrôle humain. Les machines ne doivent jamais être autorisées à prendre des décisions de vie ou de mort de manière autonome.

- **Débat public éclairé :** Il est crucial d'ouvrir un débat public sur les enjeux éthiques et stratégiques liés aux armes autonomes, afin d'informer les citoyens et de les impliquer dans les décisions concernant l'avenir de la guerre.

L'IA est en train de transformer la guerre, et nous sommes à la croisée des chemins. Nous devons choisir entre un futur où les robots tueurs sèment la mort et la destruction, et un futur où l'IA est utilisée pour promouvoir la paix et la sécurité. Le choix nous appartient.

II. L'IA et la Société : Quel Avenir pour le Vivre Ensemble ?

A. Transformations du Travail : Une Révolution Inachevée, un Contrat Social à Redéfinir, un Écosystème à Repenser

L'intelligence artificielle (IA) n'est pas une simple vague technologique ; elle est un tsunami qui s'apprête à submerger le monde du travail, ouvrant une nouvelle ère de potentialités vertigineuses, mais aussi de défis existentiels qui menacent de disloquer le tissu social. Si l'automatisation, l'ubérisation et la plateformisation ne sont pas des phénomènes nouveaux, l'IA les amplifie avec une rapidité et une ampleur inédite, transformant en profondeur la nature même du travail, ses modalités d'exercice, ses enjeux sociaux et, *in fine*, le contrat social qui lie les individus à la société. Il ne s'agit pas seulement de "gérer" la transformation du travail ; il s'agit de repenser l'ensemble de l'écosystème du travail, de la formation aux protections sociales, en passant par la gouvernance et les modèles économiques.

Automatisation : La Fin du Travail... Tel que Nous le Connaissons ?

L'automatisation, alimentée par l'IA, ne se limite plus aux tâches manuelles répétitives. Elle s'étend désormais aux fonctions cognitives complexes, autrefois considérées comme le domaine exclusif de l'intelligence humaine : analyse de données, diagnostic médical, traduction, rédaction juridique, etc. Si elle promet des gains de productivité mirifiques, elle suscite également des craintes légitimes de suppressions massives d'emplois, alimentant le spectre d'un chômage technologique de masse. Cependant, la réalité est plus complexe. Si certains métiers, notamment les tâches répétitives et manuelles, sont amenés à disparaître ou à se transformer profondément, d'autres se créent, souvent liés au développement, à la maintenance et à l'éthique des systèmes d'IA. La véritable question n'est pas tant la "fin du travail" que la transformation profonde de sa nature. Il ne s'agit pas de remplacer des travailleurs par des machines, mais de créer une collaboration homme-machine où chacun apporte ses compétences spécifiques. Le défi est de faciliter cette transition, en requalifiant les travailleurs dont les emplois sont menacés et en créant les conditions d'une collaboration fructueuse entre humains et IA.

Ubérisation et Plateformisation : Le Travail à la Demande, une Nouvelle Forme de Précarité ?

L'IA favorise également l'essor de l'ubérisation et de la plateformisation, où le travail est fragmenté en tâches ponctuelles et rémunérées à la demande, via des plateformes numériques. Si ce modèle offre une flexibilité et une autonomie *apparente*, il s'accompagne souvent d'une précarisation accrue, d'un manque de protection sociale (absence de congés payés, d'assurance maladie, de cotisations retraite) et d'une atomisation des travailleurs, isolés derrière leurs écrans. La "gig economy" se développe, mais au prix d'une perte de droits et de revenus pour de nombreux travailleurs, transformant le travail en une marchandise interchangeable et précaire, soumise à la loi du marché et aux algorithmes opaques des plateformes. Le risque de voir émerger un nouveau type de servage, où les travailleurs sont à la merci des algorithmes et des plateformes, est réel et appelle une régulation urgente.

Compétences : La Nécessité d'une Adaptation Permanente, un Droit Fondamental

Face à ces mutations profondes, la question des compétences est cruciale. Les travailleurs de demain devront posséder des compétences *hybrides*, combinant des compétences techniques spécifiques liées à l'IA (compréhension des algorithmes, analyse de données, etc.) et des compétences "humaines" essentielles, telles que la pensée critique, la créativité, l'intelligence émotionnelle, la résolution de problèmes complexes, la capacité d'adaptation et l'apprentissage tout au long de la vie. Investir massivement dans l'éducation et la formation continue est donc primordial, non seulement pour acquérir des compétences techniques spécifiques liées à l'IA, mais aussi et surtout pour développer ces "soft skills" qui seront de plus en plus valorisées dans un monde où les machines effectuent les tâches répétitives. Cet investissement doit être considéré comme un droit fondamental, permettant à chacun de s'adapter aux évolutions du marché du travail et de construire son propre parcours professionnel.

Enjeux Sociaux : Vers une Nouvelle Protection Sociale, un Nouveau Contrat Social, un Nouveau Modèle Économique ?

La transformation du travail soulève des enjeux sociaux majeurs qui mettent à l'épreuve nos modèles de protection sociale, nos systèmes de solidarité et, plus fondamentalement, notre modèle économique. Comment garantir une protection sociale adaptée aux nouvelles formes d'emploi, souvent atypiques et précaires ? Comment lutter contre la précarisation et les inégalités croissantes, exacerbées par l'automatisation et l'ubérisation ? Comment financer les systèmes de retraite et de sécurité sociale dans un contexte de mutations profondes du marché du travail, avec une possible réduction des cotisations sociales ? La question du revenu de base universel, bien que controversée, mérite d'être posée et étudiée attentivement comme une piste possible pour repenser notre modèle social. Plus fondamentalement, c'est le contrat social qui nous lie les uns aux autres qui est à redéfinir, afin de garantir une société plus juste et plus solidaire face aux défis de l'IA. Il est probable que nous devions repenser notre modèle économique dans son ensemble, en intégrant les externalités positives et négatives de l'IA et en favorisant une redistribution plus équitable des richesses créées par cette technologie.

Vers un Avenir du Travail Plus Humain ? Un Projet de Société, une Responsabilité Collective

Si les défis sont immenses, la transformation du travail induite par l'IA peut également être source d'opportunités inédites. Elle peut permettre de libérer les travailleurs des tâches répétitives et pénibles, de valoriser les compétences humaines, de créer de nouveaux emplois plus créatifs et plus épanouissants, et de repenser notre rapport au travail, en privilégiant le sens, l'autonomie et la collaboration. Pour cela, il est essentiel d'anticiper ces mutations, de mettre en place des politiques publiques ambitieuses et adaptées, et d'impliquer tous les acteurs de la société dans la réflexion sur l'avenir du travail. Le choix d'un avenir du travail plus humain et plus inclusif est un projet de société qui nous appartient collectivement. Il nécessite une vision politique forte, une action coordonnée et une mobilisation de toutes les forces vives de la nation.

B. Polarisation et Fracture Sociale : L'IA,

un Catalyseur d'Inégalités ?

L'intelligence artificielle (IA), loin d'être une technologie neutre et objective, est un miroir grossissant des inégalités sociales existantes. Elle agit comme un catalyseur, exacerbant les fractures et polarisations qui traversent nos sociétés. Si elle offre des opportunités considérables pour une minorité, elle risque d'entraîner l'exclusion et la marginalisation d'une partie croissante de la population, avec des conséquences potentiellement explosives pour le vivre ensemble, la cohésion sociale et la stabilité démocratique.

Un Fossé Numérique Béant : L'Accès Inégal aux Opportunités

L'accès à l'IA et aux compétences nécessaires pour la comprendre, la maîtriser et l'utiliser est loin d'être uniforme. Les populations les plus défavorisées, notamment les personnes âgées, les moins diplômées, les habitants des zones rurales, les minorités ethniques et les personnes en situation de handicap, risquent de se retrouver irrémédiablement exclues de la révolution numérique, faute d'accès à la technologie, à la formation, à l'accompagnement et aux infrastructures nécessaires. Ce fossé numérique béant creuse un peu plus le fossé social, créant une double peine : l'exclusion du marché du travail, comme nous l'avons vu précédemment, mais aussi l'exclusion de l'accès à l'information, aux services publics en ligne, à l'éducation, à la culture, aux opportunités économiques et sociales offertes par le numérique. L'IA, au lieu de réduire les inégalités, risque de les amplifier, créant une nouvelle forme de ségrégation.

Une Société à Deux Vitesses : Les "Gagnants" et les "Perdants" de l'IA

L'IA peut également contribuer à créer une société à deux vitesses, où une minorité de "gagnants", maîtrisant les compétences numériques, les codes et les outils de l'IA et tirant parti des opportunités offertes par cette technologie, s'enrichit et concentre le pouvoir économique, politique et social, tandis qu'une majorité de "perdants", laissés pour compte de la transformation numérique, se retrouve marginalisée, précarisée, et reléguée à des emplois peu qualifiés, mal rémunérés et peu valorisés. Cette polarisation sociale peut entraîner une perte de confiance dans les institutions, un sentiment d'abandon, de déclassement et de colère, alimentant les tensions sociales, les frustrations et les revendications. Le risque d'une fragmentation sociale accrue, avec la formation de communautés repliées sur elles-mêmes et méfiantes envers les "élites" et les "experts", est réel.

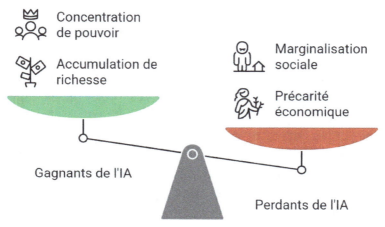

L'IA creuse les fossés économiques et sociaux.

La Montée des Populismes et des Extrémismes : Un Terrain Fertile

Le sentiment d'abandon, de déclassement social et d'injustice, exacerbé par la fracture numérique et la polarisation sociale, peut favoriser la montée des populismes et des mouvements extrémistes, qui promettent de "rendre la parole au peuple", de défendre les "oubliés" de la mondialisation et de la transformation numérique, et de restaurer une "identité nationale" fantasmée. Ces mouvements peuvent instrumentaliser les frustrations et les peurs liées à l'IA, à l'automatisation et à la perte d'emplois pour attiser les divisions, les antagonismes, la xénophobie et le ressentiment envers les minorités, menaçant ainsi la cohésion sociale, le vivre ensemble et la démocratie. La désinformation, la manipulation de l'opinion publique et la diffusion de *fake news*, amplifiées par les réseaux sociaux et les algorithmes, contribuent à radicaliser les débats et à polariser la société.

Face à ces risques majeurs, il est impératif d'agir avec détermination et de mettre en œuvre des politiques publiques ambitieuses et coordonnées pour construire une société plus inclusive et solidaire face à l'IA.

De l'Injustice à l'Extrémisme

Sentiment d'Injustice Sociale

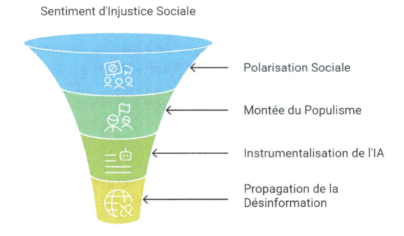

Polarisation Sociale

Montée du Populisme

Instrumentalisation de l'IA

Propagation de la Désinformation

Cohésion Sociale Menacée

C. Désinformation et Manipulation : L'IA, une Arme de Destruction Massive de la Vérité ? Un Défi pour la Démocratie

L'intelligence artificielle (IA), bien loin d'être une technologie neutre et objective, est un outil ambivalent, capable du meilleur comme du pire. Si elle offre des potentialités immenses dans de nombreux domaines, elle représente également un défi majeur pour la démocratie et le débat public en raison de son potentiel de désinformation et de manipulation. La capacité de l'IA à créer et à diffuser de fausses informations à une échelle industrielle, à influencer subtilement l'opinion publique et à manipuler les élections soulève des questions fondamentales sur la liberté d'expression, le pluralisme, l'intégrité de nos institutions démocratiques et, *in fine*, la confiance sociale.

La Prolifération des *Fake News* : Une Menace pour le Discours Public

L'IA facilite la création et la diffusion de *fake news* (fausses nouvelles) de manière inédite. Des algorithmes sophistiqués, alimentés par des réseaux neuronaux profonds, peuvent générer de faux contenus (textes, images, vidéos, audio) d'une qualité telle qu'il est de plus en plus difficile pour un œil humain de les distinguer des vraies informations. Ces *deepfakes*, ces fausses vidéos hyperréalistes, peuvent être utilisées pour discréditer des personnalités politiques, influencer les élections en diffusant des informations mensongères sur les candidats, ou semer la confusion et la division au sein de la société en propageant des rumeurs et des théories du complot. La prolifération de ces fausses informations, amplifiée par les réseaux sociaux et les algorithmes de recommandation qui favorisent l'engagement émotionnel plutôt que la véracité, mine la crédibilité de l'information, polarise les débats et rend de plus en plus difficile l'émergence d'un débat public éclairé, fondé sur des faits et des arguments rationnels.

Manipulation de l'Opinion Publique : Des Algorithmes au Service de la Propagande, un Microciblage Insidieux

L'IA peut également être utilisée pour manipuler l'opinion publique à une échelle massive et de manière insidieuse. Des algorithmes peuvent analyser les données personnelles des individus (leurs recherches en ligne, leurs interactions sur les réseaux sociaux, leurs préférences politiques, etc.) pour cibler des messages personnalisés, adaptés à leurs vulnérabilités émotionnelles et à leurs biais cognitifs. Ces techniques de microciblage permettent de diffuser de la propagande, de la désinformation ou des messages haineux de manière très efficace, en exploitant les peurs, les frustrations et les préjugés des individus. Les réseaux sociaux, en utilisant des algorithmes qui amplifient les contenus les plus sensationnels et les plus polarisants, contribuent à la diffusion virale de ces messages et à la radicalisation des débats, créant des "chambres d'écho" où les individus sont confortés dans leurs propres convictions, sans être exposés à la diversité des points de vue.

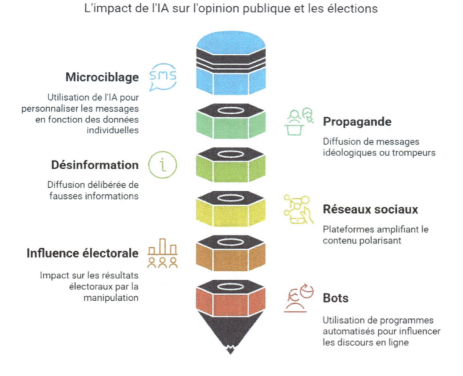

L'impact de l'IA sur l'opinion publique et les élections

Microciblage
Utilisation de l'IA pour personnaliser les messages en fonction des données individuelles

Propagande
Diffusion de messages idéologiques ou trompeurs

Désinformation
Diffusion délibérée de fausses informations

Réseaux sociaux
Plateformes amplifiant le contenu polarisant

Influence électorale
Impact sur les résultats électoraux par la manipulation

Bots
Utilisation de programmes automatisés pour influencer les discours en ligne

Influence sur les Élections : Une Menace pour l'Intégrité Démocratique, une Guerre de l'Information

L'IA peut être utilisée pour influencer les élections de différentes manières, allant de la diffusion de fausses informations sur les candidats à la manipulation de l'opinion publique, en passant par le microciblage de messages politiques et la création de faux comptes et de *bots* diffusant de la propagande. Des armées de *bots* peuvent être déployées pour amplifier certains discours, discréditer des adversaires politiques ou semer la confusion et la division au sein de l'électorat. Ces techniques, de plus en plus sophistiquées et difficiles à détecter, peuvent avoir un impact significatif sur le résultat des élections, en manipulant l'opinion publique, en discréditant les institutions démocratiques et en sapant la confiance dans le processus électoral. Nous assistons à une véritable guerre de l'information, où l'IA est utilisée comme une arme pour influencer les esprits et déstabiliser les démocraties.

Enjeux de Liberté d'Expression, de Pluralisme et de Démocratie : Un Équilibre Fragile

La désinformation et la manipulation, facilitées par l'IA, posent des enjeux majeurs pour la liberté d'expression, le pluralisme et la démocratie. Comment garantir la liberté d'expression dans un contexte de prolifération de fausses informations et de manipulation de l'opinion publique ? Comment assurer le pluralisme des idées et des opinions dans un monde où les algorithmes sélectionnent et filtrent l'information à laquelle nous avons accès ? Comment préserver l'intégrité des élections et la confiance dans les institutions démocratiques face aux techniques de manipulation sophistiquées ? L'équilibre entre la liberté d'expression et la lutte contre la désinformation est fragile et nécessite une réflexion approfondie.

Solutions pour Lutter Contre la Désinformation et Promouvoir un Débat Public Éclairé : Une Nécessité Urgente

Il n'existe pas de solution miracle pour lutter contre la désinformation et la manipulation en ligne. Cependant, une approche multidimensionnelle est nécessaire, combinant différentes stratégies :

- **Éducation aux médias et à l'information** : Il est essentiel de former les citoyens, dès le plus jeune âge, à l'esprit critique, à la vérification des sources, à la distinction entre les faits et les opinions, et à la compréhension du fonctionnement des algorithmes et des réseaux sociaux.

- **Transparence des algorithmes et des données :** Il est nécessaire d'exiger des plateformes numériques qu'elles rendent leurs algorithmes plus transparents et qu'elles fournissent des informations sur les données qu'elles collectent et utilisent.

- **Lutte contre les *fake news* et la désinformation :** Il est important de développer des outils et des techniques pour détecter et dénoncer les fausses informations, en s'appuyant sur la collaboration entre les journalistes, les chercheurs, les plateformes numériques et les organisations de la société civile.

- **Réglementation des plateformes numériques :** Il est nécessaire d'encadrer l'activité des plateformes numériques, en leur imposant des obligations en matière de lutte contre la désinformation et la manipulation, de transparence des algorithmes et de respect de la vie privée.

- **Coopération internationale :** La lutte contre la désinformation et la manipulation est un enjeu mondial qui nécessite une coopération internationale renforcée, notamment en matière d'échange d'informations, de partage de bonnes pratiques et de définition de normes communes.

Approche Multidimensionnelle à la Désinformation

Éducation aux Médias
Former les citoyens à la pensée critique

Transparence des Algorithmes
Exiger la clarté des plateformes numériques

Outils de Détection
Développer des outils pour identifier les fausses nouvelles

Réglementation des Plateformes
Mettre en œuvre des règles pour les plateformes numériques

Coopération Internationale
Promouvoir la collaboration mondiale

La désinformation et la manipulation en ligne sont une menace sérieuse pour la démocratie. Il est de notre responsabilité collective d'agir avec détermination et de mettre en œuvre des solutions efficaces pour protéger l'intégrité du débat public, garantir la liberté d'expression et préserver la confiance dans nos institutions démocratiques.

III. L'IA et la Démocratie : Défis et Opportunités : Un Dialogue Constant

L'IA, bien que source de défis considérables pour la démocratie, peut également offrir des opportunités inédites pour renforcer la participation citoyenne, améliorer le fonctionnement des institutions, promouvoir un débat public plus éclairé et revitaliser notre démocratie. Il est essentiel d'explorer ces pistes avec lucidité et de mettre en place des mécanismes pour encadrer l'utilisation de l'IA au service de la démocratie, en veillant à ce qu'elle soit un outil au service du bien commun et non un instrument de manipulation et de contrôle. Ce dialogue constant entre technologie et démocratie est un impératif pour l'avenir de nos sociétés.

A. Participation Citoyenne : L'IA, un Allié pour une Démocratie Plus Robuste et Plus Inclusive ?

L'intelligence artificielle (IA), bien que porteuse de risques pour la démocratie, peut également être un levier puissant pour renforcer la participation citoyenne, revitaliser nos institutions démocratiques et construire une société plus inclusive et plus engagée. Si elle est utilisée de manière éthique, transparente et responsable, l'IA peut faciliter l'engagement des citoyens, améliorer l'accès à l'information et aux services publics, favoriser un dialogue plus constructif entre les citoyens et les décideurs, et, *in fine*, renouveler notre conception de la démocratie.

Faciliter l'Engagement Citoyen : Une Démocratie Plus Accessible et Plus Inclusive

L'IA peut être utilisée pour créer des plateformes de participation citoyenne plus interactives, plus intuitives et plus accessibles à tous. Des chatbots et des assistants virtuels, dotés d'une intelligence conversationnelle, peuvent répondre aux questions des citoyens 24h/24 et 7j/7, les informer sur les enjeux locaux, les aider à formuler leurs propositions de manière claire et structurée, et les guider dans les démarches administratives. L'IA peut également faciliter la traduction de documents et de débats en temps réel, brisant les barrières linguistiques et rendant la participation citoyenne plus inclusive pour les personnes ne maîtrisant pas la langue locale ou les personnes issues de minorités linguistiques. Pour les personnes en situation de handicap, l'IA peut offrir des solutions d'accessibilité innovantes, telles que la transcription automatique de la parole, la synthèse vocale de textes, ou la navigation vocale sur les plateformes de participation. Une démocratie plus accessible est une démocratie plus inclusive.

Améliorer l'Accès à l'Information et aux Services Publics : Une Administration Plus Efficace et Plus Transparente

L'IA peut être utilisée pour améliorer l'accès à l'information et aux services publics, rendant l'administration plus efficace, plus transparente et plus proche des citoyens. Des algorithmes peuvent analyser les données publiques (budgets, statistiques, rapports) pour identifier les besoins des citoyens, anticiper les problèmes et proposer des solutions personnalisées. Des plateformes en ligne, alimentées par l'IA, peuvent permettre aux citoyens de signaler des problèmes (nids-de-poule, dysfonctionnement de l'éclairage public, etc.) et de suivre leur résolution en temps réel, renforçant ainsi la redevabilité des pouvoirs publics. L'IA peut également être utilisée pour lutter contre la corruption et la fraude, en analysant les données financières et administratives pour détecter les anomalies, les comportements suspects et les conflits d'intérêts. Une administration plus transparente et plus efficace est une administration qui renforce la confiance des citoyens.

Favoriser un Dialogue Plus Constructif : Vers une Démocratie Délibérative et Participative

L'IA peut faciliter le dialogue entre les citoyens et les décideurs, en créant des espaces de discussion en ligne où les opinions peuvent s'exprimer librement et de manière constructive. Des plateformes de discussion peuvent être modérées par des algorithmes pour éviter les insultes, les propos haineux, la désinformation et la manipulation. L'IA peut également être utilisée pour analyser les opinions et les propositions des citoyens, afin d'identifier les consensus, les points de divergence et les tendances émergentes, facilitant ainsi la prise de décision et la co-construction des politiques publiques. Des outils de visualisation de données, alimentés par l'IA, peuvent être utilisés pour présenter les résultats de ces consultations de manière claire, accessible et interactive, permettant à tous de comprendre les enjeux et de participer au débat public. L'IA peut ainsi contribuer à une démocratie plus délibérative, plus participative et plus proche des citoyens.

Risques de Manipulation et de Contrôle : Une Vigilance Permanente, un Encadrement Éthique Indispensable

Si l'IA peut être un outil puissant pour renforcer la participation citoyenne, elle peut également être utilisée pour manipuler l'opinion publique, contrôler les citoyens et restreindre les libertés. Des algorithmes peuvent être utilisés pour diffuser de la propagande, de la désinformation ou des messages ciblés, afin d'influencer les élections ou les décisions politiques. La collecte et l'analyse massives de données personnelles, rendues possibles par l'IA, peuvent être utilisées pour profiler les citoyens, surveiller leurs comportements et anticiper leurs réactions. Il est donc essentiel de mettre en place des garanties solides pour protéger la vie privée des citoyens, garantir la transparence et l'intégrité des processus de participation citoyenne, et prévenir toute utilisation abusive de l'IA à des fins de manipulation ou de contrôle.

Vers une Utilisation Éthique et Transparente de l'IA au Service de la Démocratie : Un Impératif Démocratique, une Responsabilité Collective

Pour que l'IA soit un outil au service de la démocratie, il est crucial de mettre en place un cadre éthique et juridique solide, fondé sur des principes clairs et des valeurs partagées. Cela passe par :

- **La transparence et l'explicabilité des algorithmes :** Il est nécessaire d'exiger des plateformes numériques et des institutions publiques qu'elles rendent leurs algorithmes plus transparents et explicables, afin de comprendre comment l'information est sélectionnée, diffusée et utilisée.

- **La protection des données personnelles et de la vie privée :** Il est essentiel de garantir la protection de la vie privée des citoyens et de limiter la collecte et l'utilisation de leurs données personnelles, en encadrant strictement les pratiques des entreprises et des pouvoirs publics.

- **Le contrôle démocratique et la redevabilité :** Il est nécessaire de mettre en place des mécanismes de contrôle démocratique sur l'utilisation de l'IA, afin de garantir que cette technologie soit au service de l'intérêt général et non des intérêts particuliers. Les algorithmes doivent être audités régulièrement par des organismes indépendants et les citoyens doivent avoir la possibilité de contester les décisions algorithmiques.

- **L'éducation à l'esprit critique et au numérique :** Il est important de former les citoyens, dès le plus jeune âge, à l'esprit critique, à la vérification des sources, à la distinction entre les faits et les opinions, et à la compréhension du fonctionnement des algorithmes et des réseaux sociaux. Il est essentiel de développer les compétences numériques des citoyens pour leur permettre de participer pleinement à la société numérique et de résister à la manipulation et à la désinformation.

Cadre Éthique pour une IA au Service de la Démocratie

Éducation Numérique

Équiper les citoyens de compétences critiques et numériques pour naviguer dans le paysage de l'IA.

Transparence des Algorithmes

Assurer que les processus algorithmiques soient ouverts et explicables pour une compréhension et une confiance accrues.

Contrôle Démocratique

Mettre en place des mécanismes de responsabilité pour aligner l'IA sur l'intérêt public.

Protection de la Vie Privée

Protéger les données personnelles et la vie privée des citoyens contre les abus.

L'IA peut être un atout majeur pour renforcer la participation citoyenne et revitaliser notre démocratie, mais elle peut aussi être un instrument de manipulation et de contrôle. Il est de notre responsabilité collective de veiller à ce qu'elle soit utilisée de manière éthique, transparente et responsable, au service du bien commun, de la justice sociale et de la démocratie. C'est un impératif démocratique, une exigence éthique et un enjeu de civilisation.

B. Gouvernance Démocratique de l'IA : Un Impératif de Souveraineté Numérique, une Responsabilité Collective, un Dialogue Permanent

L'intelligence artificielle (IA), en raison de son impact profond et transversal sur la société, l'économie, la politique, la culture et jusqu'à nos modes de vie, ne peut être laissée aux mains des seuls experts, des technocrates ou des acteurs privés, qu'ils soient nationaux ou multinationaux. Sa gouvernance doit être démocratique, transparente, responsable et inclusive, impliquant activement tous les acteurs de la société : citoyens, experts de diverses disciplines (scientifiques, juristes, philosophes, sociologues, etc.), entreprises, organisations de la société civile, pouvoirs publics à tous les niveaux (local, national, européen, international). Il est essentiel de construire collectivement un cadre éthique, juridique, institutionnel et technique solide pour encadrer le développement, le déploiement et l'utilisation de l'IA, afin de garantir qu'elle soit au service du bien commun, de la justice sociale, de la protection des droits fondamentaux et non des intérêts particuliers, qu'ils soient économiques, politiques ou idéologiques.

Nécessité d'une Gouvernance Démocratique : Un Contrôle Citoyen sur l'IA, une Exigence de Légitimité

La gouvernance de l'IA ne peut se limiter à des considérations techniques, économiques ou managériales. Elle doit prendre en compte l'ensemble des enjeux – éthiques, sociaux, politiques, culturels, environnementaux – liés à cette technologie transformative. Il est crucial de garantir que les décisions concernant l'IA soient prises de manière transparente, responsable et démocratique, en impliquant activement tous les acteurs de la société, et en particulier les citoyens. Ceux-ci doivent avoir leur mot à dire sur l'orientation du développement de l'IA, les applications qui doivent être privilégiées (ou au contraire évitées), les risques à anticiper et les valeurs à défendre. Il en va de notre souveraineté numérique, de notre capacité à maîtriser notre destin collectif et de la légitimité même des décisions prises concernant l'IA. Une IA non démocratiquement gouvernée est une IA qui risque de renforcer les inégalités, de menacer les libertés individuelles et de saper la confiance dans les institutions.

Différentes Approches Possibles : Un Panachage de Solutions, une Adaptation Constante

Plusieurs approches peuvent être envisagées et combinées pour assurer une gouvernance démocratique de l'IA. Il n'existe pas de solution unique et universelle ; une adaptation constante aux évolutions technologiques et sociales est nécessaire :

- **Réglementation :** Les pouvoirs publics, à différents niveaux (local, national, européen, international), peuvent et doivent adopter des lois, des directives et des réglementations pour encadrer le développement et l'utilisation de l'IA, en définissant des normes éthiques minimales, des principes de responsabilité clairs, des mécanismes de contrôle efficaces et des sanctions dissuasives en cas de non-respect. Cette approche est indispensable pour garantir le respect des droits fondamentaux (dignité humaine, vie privée, non-discrimination), la protection des données personnelles, la lutte contre les biais algorithmiques et la prévention des risques liés à l'IA (armes autonomes, surveillance de masse, etc.).

- **Autorégulation** : Les entreprises, les organisations professionnelles et les associations peuvent et doivent adopter des codes de conduite, des chartes éthiques, des labels et des certifications pour encadrer leurs pratiques en matière d'IA, en allant au-delà des exigences minimales fixées par la loi. Cette approche, basée sur la responsabilité sociale et l'engagement volontaire, peut être complémentaire de la réglementation publique, en favorisant une culture de responsabilité, de transparence et d'innovation éthique au sein des organisations.

- **Labels et certifications** : Des labels et des certifications, décernés par des organismes indépendants et crédibles, peuvent être mis en place pour garantir la qualité, la fiabilité, la sécurité, la transparence et l'éthique des systèmes d'IA. Ces labels, basés sur des critères transparents, rigoureux et régulièrement mis à jour, peuvent permettre d'informer les consommateurs, les utilisateurs et les décideurs, et de les aider à faire des choix éclairés.

- **Dialogue et concertation** : Un dialogue ouvert, inclusif et permanent entre tous les acteurs de la société (citoyens, experts, entreprises, organisations de la société civile, pouvoirs publics) est indispensable pour réfléchir aux enjeux de l'IA, identifier les défis, anticiper les risques, proposer des solutions et construire collectivement les règles du jeu. Cette approche peut favoriser l'émergence d'un consensus sur les valeurs à défendre, les priorités à définir et les orientations à prendre en matière de gouvernance de l'IA.

Approches pour une Gouvernance Démocratique de l'IA

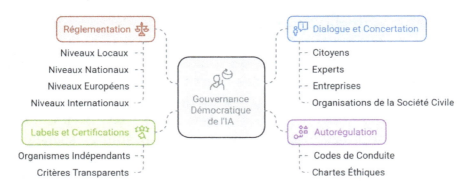

Importance d'un Débat Public Éclairé et d'une Participation Citoyenne Active : Une Démocratie Dynamique, une Société Engagée

La gouvernance de l'IA ne peut se faire sans un débat public éclairé, informé et pluraliste, et sans une participation citoyenne active, engagée et responsable. Il est essentiel d'informer les citoyens sur les enjeux liés à l'IA, de leur donner les outils pour comprendre les technologies et les algorithmes (sans nécessairement devenir des experts), de développer leur esprit critique et leur capacité d'analyse, et de les impliquer dans les décisions concernant l'avenir de l'IA. Cela passe par une éducation aux médias et au numérique dès le plus jeune âge, le développement de l'esprit critique et des compétences numériques tout au long de la vie, la création d'espaces de dialogue et de concertation ouverts à tous, et la promotion d'une culture de la participation et de l'engagement civique. Une démocratie dynamique, où les citoyens sont informés, engagés et écoutés, est la meilleure garantie d'une IA au service du bien commun et d'une société plus juste, plus solidaire et plus respectueuse des droits fondamentaux.

C. Enjeux Internationaux : Vers une Gouvernance Mondiale de l'IA, un Enjeu de Paix et de Progrès Partagé

L'intelligence artificielle (IA) est une technologie transfrontalière par essence, dont le développement, le déploiement et les impacts ne connaissent pas de frontières. Les enjeux liés à l'IA sont intrinsèquement mondiaux et nécessitent une coopération internationale renforcée, structurée et ambitieuse. Il est impératif de construire collectivement une gouvernance mondiale de l'IA, impliquant tous les États, les organisations internationales, les acteurs privés, la communauté scientifique et la société civile, afin de relever les défis éthiques, sociaux, politiques, économiques, culturels et environnementaux posés par cette technologie révolutionnaire, et d'éviter une "course à l'IA" destructrice, source de tensions, de conflits et d'inégalités.

Défis de la Coopération Internationale : Un Concert des Nations à Construire, une Confiance Mutuelle à Consolider

Plusieurs défis majeurs se dressent sur la voie d'une coopération internationale efficace et fructueuse en matière d'IA :

- **Diversité des approches et des cultures** : Les États ont des approches différentes en matière de réglementation de l'IA, en fonction de leurs valeurs, de leurs intérêts stratégiques, de leurs priorités économiques et de leurs traditions juridiques et culturelles. Il est nécessaire de trouver un terrain d'entente pour définir des normes, des standards et des principes communs, tout en respectant la diversité des approches nationales et en tenant compte des spécificités culturelles de chaque pays.

- **Compétition entre les États et course à l'IA :** La course au leadership dans le domaine de l'IA est devenue un enjeu de puissance pour les États, qui y voient un moyen de renforcer leur compétitivité économique, leur influence politique et leur puissance militaire. Cette compétition peut freiner la coopération internationale, alimenter les tensions et conduire à une "course à l'armement IA" dangereuse, où la logique de puissance prime sur les considérations éthiques et humanitaires.

- **Manque de confiance et asymétries d'information :** Le manque de confiance entre les États, exacerbé par les tensions géopolitiques et les asymétries d'information sur les capacités et les intentions de chacun, peut entraver la coopération en matière d'IA. Il est nécessaire de construire une confiance mutuelle, basée sur la transparence, le dialogue et la réciprocité, pour partager les connaissances, les technologies, les bonnes pratiques et les expertises, et pour prévenir les risques de prolifération et de détournement de l'IA.

- **Complexité et évolution rapide des enjeux :** Les enjeux liés à l'IA sont extrêmement complexes, multidimensionnels et évoluent à un rythme rapide. Il est nécessaire de mettre en place des mécanismes de coopération flexibles, adaptables et évolutifs, capables de faire face à la complexité et à l'incertitude du domaine de l'IA.

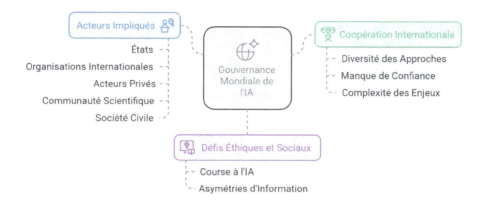

Gouvernance Mondiale de l'IA: Défis et Coopération

Nécessité d'une Approche Multilatérale : Un Cadre International à Inventer, une Architecture de Gouvernance à Bâtir

Face à ces défis, une approche multilatérale, inclusive et ambitieuse est indispensable. Il est nécessaire de construire une véritable architecture de gouvernance mondiale de l'IA, impliquant tous les États, les organisations internationales (ONU, UNESCO, OCDE, etc.), les acteurs privés (entreprises, associations professionnelles), la communauté scientifique et la société civile. Ce cadre pourrait prendre la forme d'une convention internationale, d'un traité, d'une déclaration de principes, d'un forum multilatéral ou d'une combinaison de ces différents instruments. Il devrait définir des principes éthiques fondamentaux (dignité humaine, respect des droits fondamentaux, non-discrimination, transparence, responsabilité), des normes techniques et des standards communs, des mécanismes de contrôle et d'évaluation, des procédures de résolution des différends, et des règles de coopération en matière de recherche et développement. Il pourrait également prévoir la création d'un organisme international, doté de ressources humaines et financières adéquates, chargé de coordonner la coopération en matière d'IA, de promouvoir le partage des connaissances et des technologies, de faciliter le dialogue entre les différentes parties prenantes, et de veiller au respect des principes et des normes établis.

Enjeux de Sécurité Internationale et de Désarmement : Un Dialogue Urgent, une Action Concertée

Les enjeux de sécurité internationale et de désarmement liés à l'IA sont particulièrement préoccupants et nécessitent une attention urgente. Le développement d'armes autonomes, capables de prendre des décisions létales sans intervention humaine, soulève des questions éthiques, juridiques et stratégiques majeures. Il est impératif d'ouvrir un dialogue international approfondi et inclusif sur la réglementation de ces armes, sur la nécessité de maintenir un contrôle humain sur les décisions de guerre, et sur les risques de prolifération et d'escalade liés à leur développement. Une action concertée est indispensable pour prévenir une "course à l'armement IA" et pour garantir que l'IA soit utilisée au service de la paix et de la sécurité internationale.

Conclusion

Un Appel à l'Action Collective pour une IA au Service de l'Humanité – Façonner Ensemble un Futur Pacifique et Prospère

L'intelligence artificielle (IA) est une technologie puissante, ambivalente, porteuse de promesses immenses pour l'humanité, mais aussi de risques considérables si elle est mal encadrée ou utilisée à des fins néfastes. Elle est à la fois un outil formidable pour améliorer nos vies, résoudre des problèmes complexes et explorer de nouvelles frontières, mais aussi une source potentielle d'inégalités, de discriminations, de surveillance et de conflits si nous n'y prenons pas garde. L'avenir de l'IA, et par conséquent l'avenir de notre humanité, dépend de notre capacité collective à construire une société juste, équitable, démocratique et pacifique, où l'IA est au service de l'humain et du bien commun, et non l'inverse.

Il est temps de passer de la réflexion à l'action. Il est temps de nous engager, ensemble, avec lucidité, responsabilité et détermination, pour que l'IA soit une force de progrès, de paix et de prospérité partagée pour tous. Cela passe par une série d'actions concrètes, à tous les niveaux :

1. Une gouvernance démocratique de l'IA : L'IA ne doit pas être laissée aux mains de quelques experts ou entreprises. Sa gouvernance doit être démocratique, transparente et participative, impliquant tous les acteurs de la société : citoyens, chercheurs, experts, entreprises, associations, pouvoirs publics. Il est essentiel de mettre en place des mécanismes de contrôle, de régulation et de surveillance pour encadrer le développement et l'utilisation de l'IA, afin de garantir le respect des valeurs humaines, des droits fondamentaux et de l'intérêt général.

2. Une coopération internationale renforcée : Les enjeux de l'IA sont mondiaux et transcendent les frontières. Il est indispensable de renforcer la coopération internationale pour harmoniser les réglementations, partager les bonnes pratiques, coordonner les recherches et éviter les dérives. Une collaboration étroite entre les États, les organisations internationales et la société civile est essentielle pour construire un cadre juridique et éthique commun pour l'IA.

3. Un engagement éthique, politique et social constant : L'IA soulève des questions éthiques, politiques et sociales complexes, qui nécessitent un débat public éclairé et une réflexion approfondie. Il est essentiel de promouvoir une culture de responsabilité et de vigilance autour de l'IA, d'éduquer le public aux enjeux de cette technologie, de soutenir la recherche sur l'IA éthique et responsable, et d'encourager l'innovation au service de l'humain. Il est également crucial de lutter contre les discriminations et les inégalités qui pourraient être exacerbées par l'IA, et de veiller à ce que les bénéfices de l'IA soient partagés par tous.

4. Un investissement dans l'humain : L'IA ne doit pas être perçue comme une menace pour l'emploi, mais comme une opportunité de créer de nouveaux métiers, de développer de nouvelles compétences et de transformer notre rapport au travail. Il est essentiel d'investir dans la formation, la requalification et l'adaptation des travailleurs aux défis de l'IA, afin de garantir une transition juste et équitable vers une économie numérique. Il est également important de promouvoir l'épanouissement humain, la créativité, l'esprit critique et les compétences sociales, qui resteront essentielles à l'ère de l'IA.

5. Une vision d'avenir : Il est temps de construire une vision d'avenir pour l'IA, une vision qui soit porteuse d'espoir, de progrès et de sens pour l'humanité. Une vision qui mette l'humain au centre de toutes les préoccupations, qui respecte la diversité, la dignité et les droits de chaque personne, et qui contribue à un monde plus juste, plus pacifique et plus prospère pour tous. Une vision qui inspire l'action, qui mobilise les énergies et qui nous permet de construire ensemble un futur où l'IA est au service de l'humanité et du bien commun.

L'IA est une aventure collective, une aventure humaine sans précédent. Il est temps de nous engager, ensemble, avec lucidité, responsabilité et détermination, pour que cette aventure soit une réussite pour tous. L'avenir de l'IA, et l'avenir de notre humanité, est entre nos mains. Agissons ensemble, dès aujourd'hui, pour construire un futur où l'IA est une force de progrès, de paix et de prospérité partagée pour tous.

Références

Cet ouvrage s'appuie sur une variété de sources, allant des études académiques aux articles de presse, en passant par des témoignages et des documents d'archives. Les références ci-dessous, bien que non exhaustives, mettent en lumière les contributions les plus significatives qui ont éclairé mon analyse.

Eugene Fersen (1923). Science of Being.

Hernes Holmes (1926, 1938). The Science of Mind.

Yann LeCun (2015). Deep Learning.

David Eagleman (2015) - The Brain: The Story of You.

Antonio Damasio (2010). Self Comes to Mind: Constructing the Conscious Brain.

Jérôme Duberry (2022). Artificial Intelligence and Democracy.

Block, N., Flanagan, O., & Guzeldere, G. (eds) (1997). The nature of consciousness: Philosophical debates. Cambridge, Mass.: MIT Press.

Chalmers, D. (1996). The conscious mind: In search of a fundamental theory. New York: Oxford University Press

Churchland, P. S. (1986). Neurophilosophy: Toward a unified science of the mind-brain. Cambridge, Mass.: MIT Press.

Davidson, D. (1990). Turing's test. In Said et al. (1990), pp. 1–11.

Kurzweil, R. (1999). The age of spiritual machines: When computers exceed human intelligence. New York: Penguin Books

Moravec, H. (1999). Robot: Mere machine to transcendent mind. New York: Oxford University Press.

Sloman, A. (2002). The irrelevance of Turing machines to artificial intelligence. In Scheutz (2002), pp. 87–127.

Wilkes, K. (1990). Modelling the mind. In Said et al. (1990), pp. 63–82

Hesslow, G. (2002). "Conscious thought as simulation of behaviour and perception." Trends in Cognitive Sciences 6(6): 242-247.

Holland, O., (2003). Machine consciousness. New York, Imprint Academic.

Manzotti, R. (2007). "From Artificial Intelligence to Artificial Consciousness". in Artificial Consciousness. A.Chella and R. Manzotti. London, Imprint Academic.

Menant, C. (2007). "Proposal for an approach to artificial consciousness based on self-consciousness."

---

[1] **Algorithme** : *une série d'étapes ou de règles simples pour résoudre un problème ou accomplir une tâche, comme une recette de cuisine mais pour les ordinateurs.*

www.ingramcontent.com/pod-product-compliance
Lightning Source LLC
LaVergne TN
LVHW052056060326
832903LV00061B/980